Hans J. Rokohl

Beliebte Orte, geliebte Städte

Reisegeschichten mal hier mal dort

Bibliografische Information der Deutschen Nationalbibliothek: Die Deutsche Nationalbibliothek verzeichnet diese Publikation in der Deutschen Nationalbibliografie; detaillierte bibliografische Daten sind im Internet über dnb.dnb.de abrufbar.

Verlag: BoD · Books on Demand GmbH, In de Tarpen 42, 22848 Norderstedt, bod@bod.de

Druck: Libri Plureos GmbH, Friedensallee 273, 22763 Hamburg

ISBN: **978-3-7693-5543-7**

1

Inhaltverzeichnis

Vorwort

Beliebte Orte, geliebte Städte ist der Titel einer Reihe von Reiseberichten, die ich meist zu zweit unternommen habe. Ich habe kurze und lange, weite und ganz nahe Reisen zu beliebten Zielen beschrieben. Manche waren gar keine Reisen, sondern nur Ausflüge. Die Reisen hätte man auch bei Aldi, Lidl & Co. machen können, und ein paar Mal sind wir dem auch erlegen und haben gebucht, ansonsten haben wir die Reisen als Vorlage genommen und unsere eigenen "gestrickt". Mal waren es Angebote, bei denen man nicht nein sagen konnte. Mal waren es genügend Meilen oder Bonuspunkte, mal ein tolles Angebot von "Fly and More".

Jetzt könnte man uns für Schnäppchenjäger halten, nur weil es billig ist, reisen wir. Weit gefehlt, wir haben einfach eine Vorliebe für bestimmte Reiseziele, die man als Lieblingsstädte bezeichnen könnte, und das lässt sich auch auf Landschaften und sogar Länder ausweiten. Aber auf eine Stadt möchte ich näher eingehen, auf mein geliebtes Berlin, aus dem ich auch komme.

In diesem Buch geht es hauptsächlich um Reisen, die wir als älteres Ehepaar in den letzten 15 Jahren unternommen haben. Damit ist meine Leserschaft wohl definiert. Einiges stammt aber auch aus früheren Zeiten. Nachlesen kann man unsere Kreuzfahrten in meinem Buch *Ohne Ufer, keine See*, das im BoD-Verlag erschienen ist, oder quasi miterleben in meinem Blog unter *kreuzfahrtschreiber.wordpress.com*. Insgesamt sind es vier Bände geworden, die ich in diesem Buch zusammengefasst habe. Zu jedem Band gibt es eine Kurzbeschreibung über dessen Inhalt, so dass sich der geneigte Leser oder die Leserin besonders Interessantes für sich heraussuchen und rufen kann: „Ach, da möchte ich auch mal hin!".

***

Erster Band

Im ersten Band geht es zunächst nach Madrid, der Hauptstadt Spaniens. Nicht gerade in der besten Reisezeit, tagsüber war es heiß und abends aber schön. Geleitet von den Highlights des Reiseführers von Marco Polo trafen wir uns am Bären mit dem Erdbeerbaum, machten einen Ausflug nach Toledo, gingen am Sonntag auf den Rastro und besuchten die Plaza de la Villa, den Estación de Atocha und das habsburgische Madrid. Tapas-Bars und angesagte Restaurants haben wir durchstöbert, und nicht den superteuren Schinken von den Schweinen mit den schwarzen Pfoten ausgelassen.

Mal ausgiebig die Messestadt Leipzig besuchen, ja, das haben wir. Wir waren dort wo Dr. Faustus mit den Studenten gezecht (pokuliert) hat, wissen jetzt wo das Mekka der "Kaffeesachsen" sich befindet und sahen uns auf dem Augustplatz um, da wo Kurt Masur das Gewandhausorchester dirigierte. Und das gute Gosenbier gab es in der Gastwirtschaft "Ohne Bedenken". Das Völkerschlachtdenkmal ist mehr ein Mausoleum denn ein Denkmal, dennoch ist Aussicht ausgezeichnet. Wir sind vom Hauptbahnhof zur Thomaskirche gelaufen und haben diese besichtigt, jedoch Bachs Grab nicht beachtet. Zum Schluss gab es noch ein kleiner Abendspaziergang rund um die Mädlerpassage.

Von Leipzig ist es nicht weit bis zur Niederlausitz, in Muskau den Fürst-Pückler-Park besuchen. An einem herrlichen Herbsttag haben wir uns durch den Park kutschieren zu lassen. Weiter ging es in den Spreewald, wo Kahnfahren, besser Staken lassen, Pflicht ist. Der Fährmann hielt sich mit seinen Auskünften zurück und alle Passagiere genossen die wohltuende Ruhe. Unsere kleine Rundreise fand den Abschluss in Potsdam, wo wir einem Spaziergang über den Schlosspark Sanssouci mit einem Bummel durch die historische Altstadt kombiniert haben.

Die beiden nächsten Reisen habe ich in einer Preußischen Anthologie zusammengefasst, welche bei novum-Verlag erscheinen wird. Diese literarisch verfassten Reisebeschreibungen beziehen sich auf Besuche des Schlosses Neuhardenberg im Märkischen Oderland und Rheinsberg im Ruppiner Land. Hier ein fiktives Gespräch mit dem Alten Fritz, dort Konzert, welches am Abend im Schlosshof stattfand, dessen Motto „Rendezvous in Paris, mit Prinz Heinrich ins Konzert" war. Alles sehr preußisch.

Kleine Fluchten in eine große Stadt, gemeint ist Berlin, habe ich die dort unternommenen Streifzüge genannt. Zuerst war das Kulinarische dran, das Schinkeneisbein-Essen mit Freunden in dem Berliner Traditionslokal am Ku-Damm: *Die Schildkröte.* Dann ging in die jüngste Vergangenheit West-Berlins, nach Gatow zu den Fliegern. Der Besuch des Militärs-Historischen-Museums lohnt sich, dieses ist in den Hangars des während der Blockade Berlins benutzten Flugplatzes untergebracht. Die *Rosinenbomber* landete und flogen auch weg von der Havel, an der Stelle, wo jetzt der öffentliche Dampfer den Fluss überquert. Das Humboldtforum ist nun fertig, des Kuppel kann man umrunden, so hat man die große Stadt voll im Blick. Nicht weit vom Forum gibt es viel Außengastronomie am Hackeschen Markt. Gleich über die die Straße wird es ruhiger und man kehrt ins *Wempe* ein, berühmt für seine Weißbierspezialitäten. Den Haveltrip mit dem BVG-Traditions-Bus kennt nicht jeder, die Pfaueninsel schon eher. Dort ist für den Doppeldecker-Bus Endstation. Wer nicht mehr die Havel entlang zum Funkturm fahren will, steigt am S-Bahnhof Wannsee um, nimmt ein Ausflugsschiff der Weißen Flotte oder die Wannsee-Bahn. Die Gegend rund um den Nollendorfplatz mit der Metropol-Theater ist Schwulenkiez. Den Bedarf an Fetischbekleidung und anderen Gummiwaren dieser Klientel lässt sich unteranderem decken bei der Butcherei Lindinger. Ich ging vorbei, schaute mir die Auslagen an und besuchte alte Freunde. Keine kleine Flucht.

Mit Boat & Bike rund um Berlin, davon schwärmte die Tochter, nicht um vorher den Breitscheidplatz unsicher zu machen, auf dem Frühlingsfest war. Dann war Einschiffung auf den umgebauten Lastkahn, der sich jetzt MS MARYLOU nennt. Vom Havelufer unterhalb der Schleuse Spandau, nahe dem Festungswert genannt der Bär, ging die Fahrt nach Potsdam. Dann Besuch der Nikolaikirche im Zentrum des Integrierten Leitbautenkonzepts. Schon mit dem Fahrrad weiter durch den Park Sanssouci hin zur Friedenskirche. Durch den Teltow Kanal über die Kleinmachnower Schleuse nach Köpenick. Gut ausgeschlafen ging es mit dem Radel durch den Treptower Volkspark mit_Ehrenmal und Soldatenfriedhof, weiter wo Kreuzberg schön ist, mit dem Engelbecken des ehemaligen Luisenstädtischen Kanals. Übernachtung an der Weidendammbrücke im Herzen Berlins. Mittags waren wir wieder in Spandau.

Der erste Band schließt mit dem Busrundreise durch Andalusien. Es war ein unschlagbares Reiseangebot eines Diskounters, im Februar nach Spanien. Dafür waren die Unterkünfte weit weg von Geschehen und die Reisleitung gerade noch erträglich, immer ein Zusatzangebot im Ärmel. Von Madrid bis Córdoba sind es gut 400 km. Wir waren für die Besichtigung der Mezquita angemeldet. Zum Übernachten für das nächste Reiseziel fuhr der Bus noch 150 km weiter in der Umgebung von Sevilla. Dort gab viel zu sehen: Neben der Plaza de Espana, einer der schönsten Plätze, auch die Plaza de Americana, über die Real Frabrica de Tabaco ins alte Judenviertel zu den fürstlichen Gärten im Alkazar, schließlich zur "Sich drehenden Skulptur" sprich la Giralda. Nach der Costa de Luz kam nun Jerez de la Frontera, also doch wo der Sherry herkommt. Von Ronda ging's nach Granada, wohl der Höhepunkt der Busreise. Wir waren bei den Zigeunern im Tablao Flamenco Albayzin und Garten und Palast der muslimischen Herrscher (Generalife), gemeinhin Alhambra genannt. Von Granada ging es nach Toledo. Von da ging's zurück zu unserem Hotel in Madrid. Jetzt war genug Zeit, sich in den nächsten Tagen Spaniens Hauptstadt anzusehen.

***

Einmal in Spaniens Hauptstadt

Es war nicht das erste Mal, dass ich in Spanien war. Aber so richtig mittendrin war ich nicht. Ich war mit Freund Charlie an der Costa Brava, von Berlin aus mit dem Auto, genauer gesagt mit einem Karman Ghia, dem damals angesagten Sportcoupé. Irgendwie hatten wir eine Unterkunft gefunden, zu einer Zeit, als alle Welt dort Urlaub machte. Ich erinnere mich noch ein Foto mit Charlie, lässig am Karmann stehend, welches in Barcelona entstand, wo wir eine corrida de toros (Stierkämpfe) besuchten. Die schönen Tage gaben uns die Kraft, in 28 Stunden nach Berlin zurückzufahren. Ein zweites Mal musste meine Segeljolle mit an die Costa Brava, wieder in der Ferienzeit, wo es schwierig war, eine Unterkunft zu finden. Trotzdem sind wir gesegelt, mit einem Charterboot. Heute frage ich mich, wozu das gut war, denn der Trailer wurde gezogen von einer besseren Ente (Modell Diane). Ich sehe noch die verzweifelten Blicke der Fernfahrer, die uns in den Pyrenäen überholten. Dem Segeln bin ich treu geblieben, ich habe es oft auf Mal orca gemacht. Und doch war ich einmal in Madrid, geschäftlich. Von der Stadt habe ich nicht viel gesehen. So, jetzt genug der Vorrede.

Nach dem Reiseführer von Marco Polo

Wie beschreibt man eine solche Städtereise, chronologisch, tageweise? Ich habe mich an zwei Dingen orientiert, an den Fotos, die ich gemacht habe, und an den Highlights im Reiseführer. Hier ein Foto von einer der typischen Häuserfassaden.

Wir sehen uns beim Bären und dem Erdbeerbaum

Wenn die Spanier keinen besseren Treffpunkt wissen, sagen sie „Nos vemos en el oso y el madroño". Das heißt, der Treffpunkt ist an der Puerta del Sol, dem Wahrzeichen Madrids. Der Platz ist riesig und liegt in der Mitte der Querachse vom Königspalast über die Oper zur Plaza de la Cebiles und zum Retiro-Park. Unsere Pension, das Hostal Oriental, liegt in der Calle del Arena, nicht weit vom Sol entfernt. Gegenüber der Pension konnte man in einer Filiale einer Bäckereikette frühstücken, wie überall bei uns. Und dann machten wir uns auf den Weg, alles war nicht weit. Rund um die Puerta del Sol ist eine große Fußgängerzone, in den Bars und Restaurants kann man die verschiedenen Schinkensorten probieren. Das haben wir mehrmals gemacht.

Die Reise nach Madrid war für uns ein kleiner Urlaub, nur für drei Tage. Alles selbst organisiert, den Reiseführer immer zur Hand. Das Meilenkonto war gut gefüllt, so dass wir zwei Freiflüge hatten. Auch das Hotel hat nicht die Welt gekostet.

Vom Flughafen Barajas sind wir mit der Metro gefahren, haben freundlich auf Englisch gefragt, wie wir zum Hotel kommen und wie wir ein Metro-Ticket kaufen können. Dann haben wir ein bisschen gesucht und schließlich das Oriental gefunden. Die Zimmer in der Pension hatten keine Klimaanlage, was hätten wir dafür gegeben, bei der Hitze draußen. Abends war es dann erträglicher.

Hier lebte schon El Greco - ein Ausflug nach Toledo

Neben El Greco, dem Maler, lebte hier auch Miguel de Cervantes mit seinem berühmten Helden Don Quijote. Auf dem Bild sieht man ihn in Richtung La Mancha blicken. Miguel de Cervantes war eigentlich ein Heimatdichter, der die Gegend südlich des Tajo (Tejo)-Flusses beschreiben wollte, die Region Kastilien-La Mancha, zu deutsch „Fleck".

Vom Busbahnhof Estacion Sur fahren alle halbe Stunde Busse nach Toledo. Wir dachten, das können wir auch machen, und es wurde ein schöner Ausflug. Nur zur Stadt mussten wir einmal umsteigen. Wir sind durch die Stadt gelaufen, haben an der gotischen Kathedrale angehalten und sie besichtigt. Drinnen ist alles riesig und dunkel. Man spürt förmlich die *Heilige Inquisition*, wäre da nicht ein großes Loch in der Decke, durch das das Tageslicht hereinfällt. Ziemlich angruselt verließen wir die Kirche.

Irgendwo haben wir noch etwas gegessen, in einer Touristenkneipe, und uns dann auf den Rückweg gemacht, hier und da ein Blick in die mittelalterlichen Gassen geworfen. Wir erinnerten uns daran, dass Toledo einmal Hauptstadt war, gegründet von den Westgoten, erobert von den Arabern, zurückerobert von den Spaniern und zurückgelassen von Karl V. (Carlos I.), der nach Madrid ging.

Von der Balustrade aus warfen wir noch einmal einen Blick über den Tajo in die Mancha, konnten aber nirgends die Windmühlen entdecken, die Don Quijote so heftig bekämpfte.

Sonntagsvergnügen der Madrileños - Der Rastro

Der riesige Flohmarkt von Madrid, der Rastro, ist nicht nur ein Sonntagsvergnügen der Madrileños, sondern auch für Touristen aus Deutschland, wie uns. Wir suchen auch nichts Bestimmtes, gucken mal hier, ma da, aber gekauft wird doch etwas. Als ich das erste Mal dort war, geschäftlich wurden noch Singvögel verkauft, die habe ich jetzt nicht mehr gesehen.

Auf dem Rastro muss man zwei Dinge tun: Tapas und Wein genießen und aufpassen, dass man nicht bestohlen wird, die Taschendiebe haben alle Tricks drauf. Von der Plaza Cascorro, auf der früher geschlachtet wurde und die Metzger die blutige Ware verkauften, gelangt man über die Ribera de Curtidoros (Gerber) zu den

besseren Klamotten- und Schuhläden. Hier kann man noch einmal richtig zuschlagen.

Der kleine Platz neben dem großen - die Plaza de la Villa

In jeder größeren Stadt Spaniens gibt es einen Plaza Major, von denen der in Madrid wohl der größte ist. Auf diesen Plätzen ist immer etwas los und im Innenkarree gibt es überall Lokale und Geschäfte und natürlich die Touristeninformation, wo man auch mit seinen Spanischkenntnissen überraschen kann. Weiter in der Fußgängerzone befindet sich der Plaza de la Ville, einer der ältesten Plätze der Stadt. Der Platz ist von Palästen umgeben, einer davon ist das Rathaus von Madrid. An ihm hängt die spanische Nationalflagge. Die Statue in der Mitte des ruhigen Platzes ist nicht, wie ich vermutete, König Karl I., sondern ein berühmter Admiral aus dem 16. Hier steht auch das älteste profane Gebäude, die Casa y Torre de los Lujanes. Wir verlassen den Platz durch den Torbogen und gehen weiter durch die alten Gassen und über kleine Plätze. Einige Straßenschilder erinnern noch an die maurische Zeit.

Bahnhofshalle mit tropischem Garten - die Estación de Atocha

Eigentlich wollten wir mit dem Zug nach Toledo fahren, aber man sagte uns, dass es mit dem Bus billiger sei. Aber wir sind nicht umsonst gekommen, der alte Bahnhof ist ein riesiges Tropenhaus, ein Palmengarten mit Cafés, gut für einen Café con leche. Hinter dem alten Bahnhof ist ein moderner Bahnhof, für die Schnellzüge nach Sevilla, wo die Weltausstellung stattfand.

Über die Straße liegt das Kunstzentrum der Königin Sofia (Cento de Arte Reina Sofia). Eine Sammlung zeitgenössischer spanischer Kunst, deren Herzstück das großformatige Picasso-Gemälde „Guernica" ist. Muss man gesehen haben. Ein Stockwerk höher sind Bilder von Joan Miró, Salvador Dali etc. zu sehen. Eine der bedeutendsten Gemäldegalerien der Welt, das Museo Nacional del Prado, haben wir nicht betreten, sondern nur von außen gesehen. Als ich geschäftlich in Madrid war, bin ich einmal dort gewesen.

Madrid de los Austrias - das habsburgische Madrid

Kaiser Karl V. war auch König von Spanien, Charlos Primero, in dessen Weltreich die Sonne nie unterging. Dann kamen die Bourbonen an die Macht und bauten den Palacio Real. Um diesen herum entstand das Viertel (Barrio) La Latina, wo man abends gut ausgehen kann. Und schöne Parks und Plätze, wie Campo del Moro (Jardienes del Palacio Real), Jardines de Sabatini, Plaza de Oriente, tagsüber.

Abends gingen wir in die Zona de Marcha, hatten Hunger und fanden eine der schönsten Ecken, El Buey (Der Ochse). Wir aßen eines der leckerer Fleischgerichte vom heißen Ste n. Nach reichlich Wein sind wir dann zu unserem Hotel getrottet, es war ja nicht weit. Unvergesslich die beleuchteten Calles am Abend.

Wie war es im sommerlichen Madrid?

Die Frage lässt sich kurz beantworten: Tagsüber heiß und abends erträglich schön. Vielleicht doch zu kurz. Wir haben in den wenigen Tagen einen Eindruck von einer schönen Stadt bekommen, wir waren mittendrin. Wir haben nicht das Prado-Museum besucht, nicht den Retiro-Park und auch nicht den Königspalast, sondern die Überreste der maurischen Bebauung in einer Tiefgarage. Abends waren wir aktiver: Tapas Bars und Restaurants waren angesagt, wir empfehlen die Finca de Susana mit Schlangestehen und für wenig Geld, Las Bravas (gemeint sind wohl nicht die Tapferen, sondern die, die die scharf gewürzten Bratkartoffeln essen) und das Museo del Jamón, wo es superteuren Schinken (von den Schweinen mit den schwarzen Pfoten) gibt und man erwarten kann, dass irgendjemand Deutsch kann. Die Lufthansa brachte uns dann nach Frankfurt am Main und von dort ging´s mit dem Regio nach Hause.

Ein paar Jahre später waren wir wieder in Madrid, auf einer Rundreise aus dem Prospekt. Dort entdeckten wir andere Dinge, von denen ich in einem weiteren Kapitel berichten werde. Nur soviel, das erste Mal fanden wir es schöner.

Zum zweiten Mal in die Messestadt Leipzig

Ich war schon einmal in der Messestadt, zu DDR-Zeiten Ende der 60er Jahre des letzten Jahrhunderts. Mit der SED aus West-Berlin hatten wir, linksorientiert wie wir damals waren, die Gelegenheit dazu. Wir sind über Ostberlin zur Messe gefahren, eine Übernachtung inklusive. Auerbachs Keller haben wir auch besucht, das war wohl Standard, auch das Völkerschlachtdenkmal. Mehr war nicht drin.

Das noch in Erinnerung und dem Tipp meines Freundes folgend, stand nun der Besuch mit der ganzen Familie an. Eine Tochter kam mit dem FLIX-Bus aus Berlin, die Bahn wäre schneller gewesen und auch nicht viel teurer. Wir alle wollten sehen, wie sich Leipzig als Leuchtturm der Entwicklung in den neuen Bundesländern gemacht hat. Von unserem Besuch habe ich Fotos gemacht und sie kommentiert auf Tripadvisor gepostet. In meinen Berichten ist von Dr. Fautus die Rede, was es mit den „Kaffesachsen" auf sich hat, was es am Augustusplatz alles zu sehen gibt, wie das Hotel so war, wir waren am Schillerhaus und im „Ohne Bedenken", von Nationaldenkmal ist die Rede, mit ein bisschen Napoleon, sowie von einem Spaziergang am Tag und einem am Abend.

Wo Dr. Faustus mit den Studenten pokulierte

Diese Szene, als Holzschnitt gesehen, inspirierte unseren Dichterfürsten zu seinem „Faust". Und der Teufel (Mephisto) ritt auf dem Weinfass hinaus. Als wir dort waren, allerdings im Großen Keller, haben wir davon nichts gesehen. Dafür haben wir ein leckeres Essen bestellt und das noch leckerere Schwarzbier genossen. Der Keller fasst zwar über 500 Leute, aber man sitzt sehr schön und es ist überhaupt nicht laut. Schön ist auch, dass man von netten Damen platziert wird. Der Service ist überdurchschnittlich gut. Bemerkenswert sind die Schüsselgerichte, von denen sich jeder so viel nehmen kann, wie er möchte. Gut gestärkt setzten wir unseren abendlichen Bummel durch die Passagen fort.

Übrigens, der Namensgeber war Leibarzt bei Seiner Durchlaucht, den Kurfürsten. Für seinen Dienst durfte Dr. Auerbach, nicht der andere Doktor, ein Weinlokal eröffnen.

Das Mekka der "Kaffeesachsen

Die abfällige Bemerkung Friedrichs des Großen geht wohl auf den Ausspruch "Ohne Gaffee gönn mer nich gämpfn" zurück, mit dem die sächsischen Soldaten im Siebenjährigen Krieg den Dienst an der Waffe verweigerten. Sie wären sicher lieber im *Coffe Baum* in Leipzig gewesen. Dort haben wir zu Mittag gegessen. Während der Zubereitung sollte man die oberen Etagen besichtigen, Zeit genug. Zum Nachtisch gab es Gaffee und eine Lerche, eine Leipziger Spezialität (Törtchen mit Kirsch-Marzipan-Füllung). Die echten Lerchen waren damals schon verboten zu verzehren. Und wenn wir schon bei landestypischen Spezialitäten sind, gibt es noch zwei Dinge zu erwähnen: Leipziger Allerlei bestellt man nur im Juni, dann sind die Krebse bekömmlich. Bekömmlich wird auch das Gose-Bier, wenn man es mit allerlei Sirup versieht (ähnlich der Berliner Weiße). Im Original schmeckt es nach "saurem Bier", es gibt aber eine Leipziger Variante, die man auch so genießer kann. Wer nur einen Cappuccino trinken will, sollte draußen sitzen und die schöne Umgebung genießen.

Vor und rund um den Augustplatz

Wer kennt das Gewandhausorchester und Kurt Masur nicht vom Hören? Sehenswert ist das Innere des 3. Baues an dieser Stelle. Aber erst von außen: der schöne Mendebrunnen davor, das Opernhaus gegenüber, die Moritzbastei dahinter. Wir haben uns auf eine der Bänke gesetzt, mit Blick nach Westen. Zwischen Universität und Kroch-Hochhaus geht es in die Einkaufsmeile. Der Blick nach oben geht zum Panorama-Hochhaus. In der Universität wurde Gottfried Wilhelm Leibniz zum Doktor der Rechte promoviert. Oben auf dem Krochhochhaus stehen Vater und Sohn und schlagen nach venezianischer Art jede Stunde die Glocke. Ihr Motto: "Arbeit überwindet alles". Auf dem Augustplatz (benannt nach dem Starken) demonstrierten am 9. Oktober 1989 siebzigtausend Leipziger für Reformen (alljährlich als Nacht der Lichter gefeiert). Und wie könnte es anders sein: Im ersten Stock des Gewandhauses fand die Messe der Tuch- und Wollhändler statt. Also doch Messe- und Kulturstadt Leipzig

Trotzdem eine gute Alternative

Das Hotel ist eigentlich ein Standardhotel. Da es in den Reiseprospekten oft als Stadthotel angeboten wird, hier noch ein paar Anmerkungen dazu. Die Anfahrt ohne Navi ist schwierig, obwohl die Autobahnabfahrt nicht weit ist. Für Messebesucher ist das Hotel erste Wahl, in zwei Haltestellen ist man mit der Linie 16 dort. Zum Hauptbahnhof braucht man eine gute Viertelstunde. Die

Tram fährt alle 9 Minuten. Eine Alternative ist die S-Bahn zum Hauptbahnhof. Dauert nur 6 Minuten, aber auf den Fahrplan achten: Die Bahnen fahren von Gleis 1 und 3 ab (sind nicht miteinander verbunden). Schön war, dass die Fahrkarten im Hotelpreis inbegriffen waren und es genügend Parkplätze gab.

Nicht so schön ist die ausgebrannte Ruine (Flachbau) nebenan. Und bei offenem Fenster schlafen, dafür ist es nachts zu laut, die Straßenbahn, die Güterzüge, evtl. auch der Flughafen.

Über den Service und das Frühstück gibt es nur Gutes zu berichten. Für Städtereisende ist das Hotel nur eine Alternative, wenn die Hotels in der Innenstadt ausgebucht sind oder der Preis nicht ins Budget passt.

Kultur ohne Bedenken? In der Menckestraße in Leipzig-Gohlis

Der Stadtteil Leipzig-Gohlis ist gut mit der Straßenbahn zu erreichen. Je nachdem, wo man aussteigt und in die Menkestraße einbiegt, erreicht man zuerst das Schillerhaus (Linie 4, Menkestraße) oder die Gosenkneipe "Ohne Bedenken" (Linie 12, Fritz-Seger-Straße). Der frühe Abend ist die beste Zeit, kurz schauen, wo Schiller wohnte, und dann ab in die Kneipe. Das Gosenbier ist eigentlich ein

Getränk, das man so nicht runterbekommt (im Gegensatz zum Kölsch - Bemerkung eines Rheinländers). Dem wird dadurch Rechnung getragen, dass möglichst viel Süßes reingeschüttet wird. Gegessen haben wir vorzüglich (wie in einem Kölner Brauhaus). Wer nicht im schönen Biergarten sitzen wollte, konnte in der Braustube das Bild von Michail Gorbatschow betrachten. Sein

Vorgänger Erich sei 1989 abgehängt worden, versicherte uns die Bedienung, eine von der herzlichen Leipziger Art. Die Frage, ob wir wüssten, welcher ehemalige KGB-Offizier auf unseren Plätzen sitze, machte uns neugierig. Es war kein anderer als der Präsident der Russischen Föderation, Wladimir Wladimirowitsch Putin.

Eher Mausoleum als Denkmal, aber mit Ausblick

Über Kriegerdenkmäler kann man geteilter Meinung sein, eines haben sie alle gemeinsam: den Kopf gesenkt, die Waffe nach unten. So auch das Völkerschlachtdenkmal, allerdings in XXL. Das Bauwerk wirkt groß und wuchtig. Das Innere strahlt Trauer aus, besonders auf der Sängerempore. Angesichts der hunderttausend Gefallenen und der vielen toten Nichtkombattanten finde ich das angemessen.

Wer sportlich ist, schafft die 501 Stufen bis zur Aussichtsplattform locker. Für weniger Bewegliche stehen zwei Aufzüge zur Verfügung, gefühlte 200 Stufen sind es immer noch bis ganz nach oben. Nach Norden blickt man über die Alte Messe, das Goldene ist der sowjetische Pavillon, zur Innenstadt, nach Westen sieht man in der Ferne die Tagebaue, nach Südwesten fällt ein Gebäudekomplex ins Auge, der einer mittelalterlichen Abtei ähnelt, tatsächlich ist es ein Krematorium.

Der Besuch des kleinen Museums ist im Eintrittspreis enthalten. Ein Blick lohnt sich. Das Diorama zeigt die Ereignisse vor 200 Jahren. Zu sehen sind Gemälde der Generäle, Uniformen und Waffen. Etwas makaber ist die Nachbildung des Kopfes des Kaisers der Franzosen. Und wo sieht man schon eine Jakobinermütze und einen Spieß der Sansculotten?

Vom Hauptbahnhof zur Thomaskirche

Mit der Messetram (Linie 16) fuhren wir zum Hauptbahnhof, bzw. zum Vorplatz, einem Verkehrsknotenpunkt. Hier kann man zwar noch Fahrkarten kaufen und verreisen, aber eigentlich ist es ein Einkaufszentrum. Riesig, 280 Meter lang und auf 3 Ebenen. Gut gemacht, keine schlechte Idee.

An den Vorplatz schließt sich im Süden die Innenstadt an. Wir gingen die Nikoleistraße hinunter, vorbei an der gleichnamigen Kirche. Dann auf der Grimmaischen Straße westwärts über berühmte Passagen. Am Abend zuvor waren wir in Auerbachs Keller.

Diesmal soll es die Thomaskirche sein. Was gibt es da zu sehen? Natürlich das Grab des Thomaskantors Johann Sebastian Bach. Und die berühmte Sauer-Orgel. Wer's noch nicht gemerkt hat: Das Kirchendach ist eines der steilsten Deutschlands. Gleich um die Ecke (Kleine Fleischergasse 4) ist das Coffe Baum, wo wir "ufn Schälchen Heeßen" waren.

Kleiner Abendspaziergang durch die Mädlerpassage

Nun waren wir gesättigt, was lag da näher als ein kleiner Abendspaziergang. Also verließen wir Auerbachs Keller und schauten uns erst einmal in der Passage um. Ein Blick ins Internet verrät uns: *Die Mädlerpassage ist ein überdachter Einzelhandels-, Gastronomie- und Dienstleistungskomplex in der Leipziger Innenstadt und zugleich eine der wenigen vollständig erhaltenen und prachtvollsten Einkaufspassagen der Messestadt.* Vor allem abends, wenn alles beleuchtet ist.

Die Läden mit den Markenartikeln haben wir uns gar nicht erst angesehen, dafür aber den schönen Kuppelbau in der Mitte des Komplexes. Von der ganzen Passage waren wir schon beeindruckt, als wir Auerbachs Keller betraten.

Auf halbem Weg zwischen Nikolaikirche und Thomaskirche liegt der Alte Markt mit dem Alten Rathaus. Etwas weiter links fanden wir das Denkmal des Dichters J. W. v. Goethe. Leider erkennt man es nicht, das Gebäude dahinter überstrahlt alles. Und was wäre Leipzig ohne seine Messehöfe, von denen es 30 geben soll. Wir haben uns nur einen angeschaut, wahrscheinlich den Jägerhof.

Auf dem Rückweg zur Haltestelle am Hauptbahnhof kamen wir noch an der Nikolaikirche vorbei, auf deren Kirchplatz die Nikolaisäule steht. Wie wir später lasen, ein interessantes Denkmal. Ausgehend von den Friedensgebeten in der Nikolaikirche eroberte der Protest 1989 den öffentlichen Raum. Eine mit Palmzweigen gekrönte Säule aus dem Kirchenschiff wurde auf dem Platz nachgebaut.

***

Gerade im Herbst lohnt sich ein Besuch

Der Fürst-Pückler-Park Bad Muskau ist von Leipzig aus in gut zweieinhalb Stunden mit dem Auto zu erreichen, egal ob man über Dresden oder durch die Niederlausitz fährt. Der berühmte Park ist ein Landschaftsgarten mit dichtem Baumbestand rund um ein romantisches Wasserschloss. Wir fuhren mit der Kutsche durch den Park. Dann ging es weiter in den Spreewald. Den hatte ich schon öfter besucht, aber jetzt im Herbst war alles entsprechend geschmückt, so dass die Kahnfahrt besinnlich schön war. Um aller Dinge drei voll zu machen, führte uns unser Weg über Potsdam nach Berlin. Was lag da näher, als den wunderschönen Park von Sanssouci zu besichtigen und anschließend shoppen zu gehen. Am nächsten Tag ging es wieder nach Hause, die Tochter hatte in Berlin noch einiges zu tun.

Mit 2 PS durch den Park

Sich an einem schönen Herbsttag durch den Park kutschieren zu lassen, hat was. Eine gute Stunde für 50 Euro und vier Personen, immer mit Blick auf das Schloss. Dafür gab es jede Menge Erklärungen: Jetzt wissen wir, was ein Pleasureground ist und wo es in der Stadt das berühmte Fürst-Pückler-Eis gibt (am Markt).

Mitten durch den Park fließt die Neiße. Kaum zu glauben, dass hier einmal der Eiserne Vorhang hing. Über die Brücke auf die polnische Seite zu gehen, lohnt sich nur für "Schnäppchenjäger". Viel interessanter ist die Besichtigung des Schlosses (mediale Führung). An einem Automaten kann man sich individuelle Liebesbriefe im Stil der Zeit ausdrucken, mit entsprechender Schrift und Umschlag, herrlich zu lesen. Wir taten dies im Schlosscafé. Wer den Südosten unserer Republik bereist, kommt an dem fürstlichen Landschaftspark nicht vorbei. Bei uns ging es weiter in den Spreewald, nur eine Autostunde nördlich.

Im Herbst lohnt es sich besonders

Kahnfahren, besser Staken lassen, ist im Spreewald Pflicht. Aber besser nicht am Wochenende. Der Fährmann hält an, wo es Schmalzstullen (für Rheinländer "-schnittchen") und die berühmten Gurken gibt.

Die Standardfahrt ist zum "Fröhlich Hecht". Mit Pause dauert sie 3 Stunden. Ein Besuch im Museumsdorf Lehde lohnt sich, es liegt direkt neben dem Gasthof. Wir haben einen sonnigen Herbsttag erwischt. Der Kahn fuhr an den zum Erntedank geschmückten Gärten vorbei, die Blätter waren schon herbstlich verfärbt. Der Fährmann hielt sich mit seinen Informationen zurück und alle genossen die Ruhe. Wir gaben dem Fährmann 12 Euro pro Person plus Trinkgeld.

Vom Mühlenberg in die Altstadt

Diesmal verbanden wir einen Spaziergang durch den Schlosspark Sanssouci mit einem Bummel durch die historische Altstadt. Das Auto parkten wir auf dem Mühlenberg. Wir besichtigten die historische Mühle, von der aus man den ersten Blick auf den Park hat. Diese Mühle hat den Alten Fritz nicht gestört, denn sie wurde erst nach seinem Tod erbaut. Über den Schlossvorplatz gelangt man zum Hundegrab. Das Herrchen liegt seit einiger Zeit daneben, wie es des Königs Wille war. Links geht es den Weinberg hinunter durch den Barockgarten, vorbei an den räkelnden Knaben.

Nun zur Friedenskirche, wo Preußens Romantiker mit Gattin Elisabeth ihre letzte Ruhestätte gefunden haben. Ein Blick über den Teich, in dem sich Kirchenschiff und Campanile spiegeln, lohnt sich. Der segnende Christus lädt zum Besuch der Kirche ein.

Um die Kirche herum ist es nur ein kurzer Weg und man erreicht eine Ecke der Altstadt. Am besten nimmt man den Weg zum Brandenburger Tor (400 m). Schon ist man auf der Einkaufsmeile von Potsdam.

Wir haben in einer kambodschanischen Sushi-Bar zu Mittag gegessen. Die Toiletten waren überraschend gut. Der Rückweg führte durch das Holländische Viertel. Auf dem Weg zurück in den Park markiert der Obelisk den Eingang. Vorbei an den Mohrenköpfen zum kleinen Springbrunnen, dann die große Treppe hinauf. Der Blick hinunter in die Stadt mit den Hochhäusern in der Ferne hätte dem großen König nicht gefallen, er hätte sie abreißen wollen, wenn nicht das Kammergericht zu Berlin (heute Berliner Museum) davor gewesenen wäre. Ja - so geht das in 250 Jahren im preußischen Arkadien.

***

Ein Ausflug nach Preußen

Mein Ziel ist Neuhardenberg im Märkischen Oderland, Stammsitz derer vor Hardenberg: Gut, Schloss, Kirche, Park, alles geschenkt von Friedrich Wilhelm III. an den preußischen Staatskanzler Fürst Karl August von Hardenberg. Heute ist Parkfest, veranstaltet von der gleichnamigen Stiftung, die vor 20 Jahren das gesamte Anwesen übernahm.

Von Potsdam-Mittelmark über den südlichen Berliner Autobahnring kommend bin ich von der A 12 abgebogen und habe hinter Fürstenwalde bereits die typisch preußischen Alleen passiert. Sonntags ist in dieser Gegend nichts los, auch nicht an diesem schönen Frühsommertag, mit den schattigen Alleen, rechts und links steht schon der Weizen, der Himmel ist strahlend blau mit ein paar Sommerwolken, alles betrachte ich bei angepasster Geschwindigkeit. Ich fühle mich in die alte Zeit Preußens zurückversetzt und beginne mir etwas vorzustellen.

Am Ende der Allee sehe ich etwas stehen, halb auf der Fahrbahn, fast im Straßengraben. Ich fahre näher und halte ganz rechts davor. Vor mir steht eine verunglückte offene Kutsche. Um sie herum Männer in Uniform, die den Schaden begutachten. Der Kutscher ist gerade dabei, die Pferde auszuspannen und zu den Pferden der Soldaten zu führen. Ein alter Mann lehnt an der Kutsche, er trägt eine preußisch-blaue Uniform mit gelber Weste, hohe schwarze Stiefel und trotz des schon heißen Vormittags eine weiße, etwas abgetragene Zopfperücke, darüber einen schwarzen Dreispitz mit weiß verzierter Krempe.

Der offensichtlich hohe Herr schnarrt mich an: „Kommt er gerade recht, will er mir helfen?" Ich erkenne den Mann nun als den Alten Fritz, will aber nicht despektierlich sein, verbeuge mich und sage: „Sicher, wenn ich Euer Majestät helfen kann." Der König wundert sich über meinen Wagen: „Wie kommt dieser Wagen hierher, sind ihm die Pferde durchgegangen und jetzt weg?" „Nein, mein König, in meiner Kutsche ist eine Maschine, die sie antreibt, zu meiner Zeit nannte man das ein Automobil." Der große König schaut mich erstaunt an und kommt dann zur Sache: „Ich bin auf Inspektion und will sehen, ob die Untertanen meine Dekrete auch ausführen, der General von Prittwitz und sein Amtmann erwarten mich zu Mittag in Quilitz." Ich überlege kurz, vor einem König will man ja nicht lange dumm dastehen, gerade fällt mir ein, dass Neuhardenberg früher so hieß. „Majestät, das ist auch mein Weg dorthin. Darf ich Ihre Majestät mit meiner Kutsche dorthin bringen?" „Mon Dieu, in dieses Gefährt soll ich einsteigen, ist das auch sicher? „Ganz sicher, Majestät", gebe ich Friedrich zu verstehen, „ihre Leibhusaren können mich ja begleiten."

Umständlich und sichtlich angespannt nimmt der König im Fond Platz, sein Lakai schließt die Tür und setzt sich auf den Vordersitz. „Na, dann soll er mal losfahren." Und klopft mit dem Stock auf die Rückenlehne. Die Leibhusaren trotten los, und ich lenke den Wagen langsam hinterher. „Halten zu Gnaden, Majestät, wenn ich nicht gleich auf den Ort gekommen bin, in meiner Zeit heißt der Ort Neuhardenberg", sage ich leicht seitlich zu ihm gewandt. „Von Hardenberg", sinniert der Große König, „ist das nicht der junge Bursche aus dem Braunschweigischen, von dem mir die Logenbrüder erzählt haben. Der soll es weit gebracht haben." „Hat er auch, wurde später von seinem Großneffen für seine Verdienste um Preußen gefeiert", antworte ich, „hat das Land und den Staat reformiert." „Will er mir damit sagen, dass ich nicht der erste Diener im Staate bin, der sich um alles kümmert?", fragte der König. „Majestät, keineswegs", stimme ich ihm zu, „die Franzosen haben revolutioniert und einen großen Krieg angezettelt, da musste sich in Preußen etwas ändern."

Zum Glück sehe ich das Schloss des Gutsherrn schon, als ich in den Ort einbiege. Ich bin froh, dass ich dem Monarchen nicht mehr Rede und Antwort stehen muss. Ich fahre vor, steige aus und verabschiede mich von Friedrich II. von Gottes Gnaden König von Preußen, Markgraf von Brandenburg und Kurfürst des Heiligen Römischen Reiches. Beim Aussteigen drückt mir der Alte Fritz einen Friedrichs d'or mit den Worten: "Er hat mir gut geholfen." in die Hand.

Ich schaue mich um und die Realität hat mich wieder. Ich stehe vor dem Eingang des Schlosshotels, bereit zum Einchecken, aber ich zögere noch und überlege: Was hätte mich der Große König noch gefragt? Was ist in der Zwischenzeit mit dem Ort passiert? Hätte ich ihm sagen sollen, dass das Ganze einmal abgebrannt ist und unter den von Hardenbergs wieder aufgebaut und um eine Kirche erweitert wurde? Ich schaue mich um und sehe rechts von mir in einiger Entfernung die Schinkelkirche stehen. Auf dem Platz davor hätten Friedrichs zweihundert Bataillone Aufstellung nehmen können. Auch dass der Ort zu DDR-Zeiten Marxdorf hieß und es dort eine LPG und später auch Militär gab, wollte ich dem König nicht berichten.

Ich greife in meine Jackentasche und finde einen in Stanniolpapier eingewickelten und geprägten Schokoladentaler. Meine Enkeltochter muss ihn mir zugesteckt haben. Noch einmal kommt mir das alte Grenadierlied in den Sinn: „Friedericus Rex unser König und Herr". Als ich so alt war wie meine Enkelin jetzt, gab es Preußen noch, jetzt ist es nur noch Geschichte.

Noch eine Reise nach Preußen

Die Geschichte von der Begegnung mit Friedrich dem Großen in Neuhardenberg hat sich herumgesprochen, auch meine Frau hätte sie fast geglaubt. Aber viel mehr interessierte sie der Ort, das Schloss, der große, schön angelegte Garten und natürlich das Schlosshotel mit den Galeriezimmern, den Zimmern mit den Deckenfenstern. Wenn man die Jalousien aufzieht, kann man den Himmel sehen. Bei so viel Aussicht wollten wir noch einmal hin. Den gleichen Weg wie vorher. Irgendwo auf der Allee bei Wulkow, ein paar Kilometer vor Neuhardenberg, fahre ich langsam. War das nicht die Stelle, an der Fritzes Kutsche verunglückt war? Ich sehe noch deutlich die Spurrillen. Meine Frau bemerkt so etwas wie, das kann auch ein Traktor gewesen sein. Gut, sie war ja auch nicht dabei.

Der Hoteldirektor öffnete uns die Tür. Wie wir später erfuhren, müssen bei Personalengpässen auch Führungskräfte einspringen. Netter Mann, wohnt in der Nähe von Berlin, so dass wir ihn fragen konnten, wie wir am besten zu unserem nächsten Ziel kommen. Das war das Schloss Rheinsberg, wo in diesem Jahr die Internationalen Musikfestspiele Potsdam/Sansouci stattfinden. Und da wollten wir als nächstes hin.

Noch am selben Abend probierten wir im Restaurant des Schlosshotels die Oderländer Heimatküche und natürlich den Schnaps, der hier seit Fürst von Hardenbergs Zeiten gebrannt wird. Daher der Name Brennerei. Bevor wir uns auf den Weg zur nächsten preußischen Residenz machten, genossen wir ein köstliches Frühstück mit Blick auf die wunderschöne Gartenlandschaft, wie sie nach den Plänen des königlichen Oberbaudirektors Peter Josef Lenné entstand. Der Blick in den Garten mit dem Schloss Hardenberg im Hintergrund, da führt man als Schlossherr, aber nur gefühlt.

Weiter ging es nach Rheinsberg, immer wieder durch Alleen, die in der Zeit des Alten Fritz angelegt wurden. Im nordöstlichen Kreis um die Hauptstadt. Wir hatten eine thematische Schlossführung gebucht und wurden nicht enttäuscht. Es ging um die Beziehung des Kronprinzen Friedrich zu seinem jüngeren Bruder Heinrich. Friedrich II. hatte das Schloss in der Mark von seinem jähzornigen Vater, dem Soldatenkönig, geschenkt bekommen, nachdem sich das Verhältnis zwischen ihnen gebessert hatte. Er vermachte es seinem Bruder Heinrich auf Lebenszeit, als dieser König in Preußen wurde. Als Kronprinz verbrachte Friedrich nur ganze vier Jahre auf Schloss Rheinberg, Prinz Heinrich aber ganze 50 Jahre bis zu seinem Tod 1803.

Nun, Friedrichs vier Jahre in Rheinsberg hatten es in sich. Außerdem war er frisch verheiratet mit Prinzessin Elizabeth Christine von Braunschweig-Wolfenbüttel. Das ließ er sich nicht entgehen. Es wird von ausgelassenen Festen berichtet, die in einem Bacchanal endeten. Nach diesem wilden Trinkgelage, so heißt es, musste sogar der Kronprinz von einem Diener hinausgetragen werden. Nicht weniger ausgelassen ging es in der Zeit des Bruders Heinrich zu. Allerdings gesitteter, mit Konzerten zeitgenössischer Komponisten bis hin zu Mozart. Prinz Heinrich von Preußen reiste mehrmals ins vorrevolutionäre Paris, wo er die angesagten „Concert spirituel" genoss. Im Laufe der Zeit wurden die „Concerts spirituels" durch weltliche Vokalmusik ergänzt.

Wir hatten Karten für ein solches Konzert, das abends im Schlosshof stattfand. Es hieß „Rendezvous in Paris, mit Prinz Heinrich im Konzert" und wurde vom Theresia Orchestra, einem Jugendorchester der EU, aufgeführt. Und es war wirklich so, dass der Prinz neben mir saß und begeistert applaudierte. Auch sonst stimmte alles, der befürchtete Regen blieb aus, durch die Schlosskolonnaden sah man die untergehende Sonne, das ganze Ambiente einfach schön.

Sichtlich angetan verließen wir den Musenhof und fuhren zu unserer Unterkunft im Hafendorf. Nur dort gab es ab 22:00 Uhr nichts mehr zu essen. Sichtlich frustriert fielen wir ins Bett.

Am nächsten Tag erwartete uns das Frühstück auf der Terrasse des Resorts Hafendorf Rheinsberg. Das Resort besteht aus einem großen Hotel und einer Vielzahl von Ferienhäusern mit eigenem Bootsanleger. Alles ist mit dem Rheinsberger See verbunden, auf dem ein Leuchtturm den Weg weist.

Kurz vor 10.00 Uhr erschienen wir in der Tourist-Information in Rheinberg und erkundigten uns nach den Möglichkeiten, diesen Sonntag zu gestalten. Die sehr kompetente Dame schlug uns eine Personenschifffahrt zur Mecklenburgischen Seeplatte und einen kleinen Ausflug zum Schloss Mirow mit der Liebesinsel vor.

Da das Ausflugsschiff erst um 12:00 Uhr ablegte, nutzten wir die Gelegenheit, den Gottesdienst in der evangelisch-lutherischen Kirche zu besuchen. Wir blieben bis zur Predigt der Prädikantin. Es war eine besinnliche halbe Stunde mit Orgel- und Chormusik in der mittelalterlichen Kirche St. Laurentius.

Dann ging es auf das Fahrgastschiff, das zunächst eine Runde auf dem Griericksee vor dem Schloss drehte. Neben dem Schloss zog die Kammeroper die Blicke auf sich. Schade, dort fand an diesem Wochenende das Internationale Festival junger Opernsänger und -sängerinnen statt. Motto: Wie schön ist das Leben auf dem Lande. Gespielt wurde unter anderem „Familienbande", Musik von Friedrich und seinen musikalischen Geschwistern und ihren verehrten Meistern. Friedrich und seine Schwestern Wilhelmine und Anna Amalie ließen nicht nur ihre Hofmusiker für sich arbeiten, sondern musizierten und komponierten selbst mit Leidenschaft.

Bei strahlendem Sonnenschein ging es mit dem Schiff über unzählige Kanäle und Seen nach Mecklenburg, meist unter Deck. Dort blieb das Bier kühl und die Bockwurst mit Kartoffelsalat konnte ohne Sonneneinstrahlung genossen werden.

Dem Vorschlag der Dame im Touristenbüro folgend, ging es anschließend zum Kaffeetrinken ins Mirower Schloss. Wir gingen sozusagen preußisch fremd. Aus dem Prospekt wissen wir: *Neben der Schlossbesichtigung lockt die Ruhe im Park,*

auf verschlungenen Wegen, am Seeufer, in barocken Alleen oder auf der Liebesinsel lässt es sich herrlich lustwandeln.

Prinzessin Sophie Charlotte von Mecklenburg-Strelitz wurde hier geboren. Sie verließ das Schloss am 17. August 1761, um Königin von Großbritannien zu werden. Hocharistokratie gab es außer in Preußen auch in anderen Teilen des Heiligen Römischen Reiches Deutscher Nation.

Zum Abschluss unseres Besuches besuchten wir die Liebesinsel. Zuvor gab es aber noch ein großes Stück Sahnetorte im Café des barocken Kavalierhauses.

Auf dem Rückweg verirrten wir uns aufgrund der vielen Umleitungen, die selbst das Navi nicht kannte. Da half nur noch der Beschilderung zu folgen.

Gegen 19:00 Uhr standen wir pünktlich am bestellten Tisch des Restaurants Ratskeller in Rheinsberg. Von Ratskeller keine Spur, schon Theodor Fontane schrieb dazu: „Zwar ist er gar kein Keller, sondern ein Fachwerkhaus, aber gerade deshalb, weil er sich jedem Vergleich mit seinen Namensvettern in Lübeck und Bremen geschickt entzieht, zwingt er den Besucher, alte Reminiszenzen beiseite zu lassen und den „Rheinsberger Ratskeller" zu nehmen, wie er ist. Er bildet seine eigene Gattung, und eine Gattung, die man nicht verachten sollte".

Wir gaben unserem verehrten preußischen Dichter recht, denn Berliner Leber und Rinderlende à la Fontane waren nicht zu verachten. Dazu ein Berliner Pilsener und ein Eisbecher obendrauf. Und das alles gegenüber dem Schlossvorplatz auf der „Terrasse" vor der abknickenden Hauptstraße. Aber sonntags, wenn es auf den Abend zugeht, ist es ziemlich ruhig in Rheinsberg.

Am nächsten Tag fuhren wir über Gransee und Oranienburg nach Berlin. Bei der Fahrt durch die langen Alleen kam mir Fontanes Spätwerk „Der Stechlin" in den Sinn, dessen Handlung in dieser Gegend angesiedelt ist. Sicherlich kannte der Dichter den Verkehr in Berlin, wo er auch wohnte, aber was uns hier an Blechkolonnen erwartete, überstieg unsere Vorstellungskraft. Aber wir mussten durch, denn in Kleinmachnow wurden wir erwartet. Und wir dachten schlimmer kann es nicht werden, aber wir mussten eine große Umleitung auf der A2 fahren. Insgesamt waren wir zehn Stunden unterwegs. Hat es sich gelohnt? Kulturell und historisch würde ich sagen ja, aber verkehrstechnisch war es eine Katastrophe. Und das für ein Land, das es gar nicht mehr gibt.

***

Kleine Fluchten in eine große Stadt

Warum sollte ich in die große Stadt flüchten, die jetzt wieder Hauptstadt heißt, ich komme doch von dort. Ja, ich flüchte aus der mittelrheinischen Provinz, die Bundesstadt Bonn ganz in der Nähe, in die alte und neue Metropole Deutschlands. Und das nicht zum ersten Mal. Die Deutsche Bahn, deren Züge sprinten, hilft mir dabei. Diesmal unter vier Stunden aus der rheinischen Domstadt, sagenhaft. Nun zu den kleinen Fluchten.

Kleine kulinarische Flucht: Die Schildkröte und das Schinkeneisbein

Ich war verabredet zu einem gemütlichen Abendessen in der Schildkröte, einem Berliner Traditionslokal, keine drei Schritte vom Kurfürstendamm entfernt. Früher war es das Stammlokal der Theaterleute des Viertels, noch heute hängen dort Fotos der Schauspieler neben Darstellungen der Panzerreptilien. Die Freundschaft kam zu spät, hatte nicht damit gerechnet, dass auf dem Ku-Damm der Stadtmarathon tobte. Des Wartens müde, hatte ich beschlossen, das erste Engelbert-Pilsener war schon ausgetrunken, mich in die Abgründe der Berliner

Gastronomie zu begeben: ein Schinkeneisbein für den großen Appetit, das war's. Und dann kam eines, ein Kilo schwer, mit Erbsenpüree und Sauerkraut, ein Töpfchen Senf dazu. Wie liebe ich die weichgekochte Schwarte von so einem Teil!

Ich hatte gerade richtig zugelangt, die Freunde kamen, endlich den Weg zur Schildkröte gefunden. Und so kam weiteres Lukullisches auf den Tisch: eine XL-Currywurst mit reichlich Pommes und, ganz traditionell, Königsberger Klopse mit Rote Beete. Nach dem Essen kam der kommunikative Teil nicht zu kurz. Es wurde über Todesfälle gesprochen und wie es der Familie geht, eben der Gesprächsstoff, wenn man sich nicht so oft sieht. Ich werde zu Hause davon erzählen und vor allem das leckere und reichhaltige Essen preisen, ein Fluchtpunkt für Berliner Feinschmecker.

Kleiner Ausflug in die jüngste Vergangenheit: Gatow und die Flieger

Während der Berlin-Blockade diente der Flugplatz Gatow neben Tempelhof und Tegel der Versorgung der West-Berliner Bevölkerung, hier landeten und starteten die „Rosinenbomber". Gleich nebenan luden britische Wasserflugzeuge die Versorgungsgüter auf dem Wannsee ab. Nach dem Abzug der Alliierten übernahm die Bundesluftwaffe das Gelände und machte daraus ein militärhistorisches Museum. Ein interessanter Ort also, den mein Freund Hans und ich einmal besuchen wollten.

An einem Sonntag ging es los, bestes Sommerwetter, Treffen an der Anlegestelle des BVG-Dampfers über dem Wannsee nach Alt-Kladow. Ich war zu früh da und ging bis ans Wasser, grüßte freundlich einen Angler mit Guten Morgen. Wir kamen ins Gespräch: über seine hochwertige Kohlefaserrute, die ich mal halten durfte, über den 30 cm langen Barsch, den er gefangen hatte, über meine Anglerkünste aus der Jugendzeit. Also ein nettes Gespräch über das Angeln. Dann kam der BVG-Dampfer in Sicht und der Sportfreund räumte seinen Platz. Und Freund Hans erschien am Eingang.

Moment, ich habe noch was vergessen. Auf dem Weg zur Anlegestelle sah ich auf dem Parkhügel ein Denkmal. Neugierig ging ich hin. Das Denkmal stellte die Borussia dar, ein Symbol des preußischen Staates. Und damit nicht genug, nicht weit entfernt steht eine riesige Büste von Bismarck, also ganz viel Preußisches auf einmal. Und dann ist da noch die Villenkolonie Alsen, entstanden um 1875 direkt am Wannsee mit traumhaftem Blick. Ja, das aufstrebende Deutsche Reich in den Gründerjahren.

Nun waren wir drüben, in Alt-Kladow und suchten den richtigen Bus. Endlich gefunden, 10 min warten, 10 min fahren und gut 10 min laufen, schon waren wir auf dem Gelände, wo uns freundliche Menschen einen Orientierungsplan in die Hand drückten. Drei Dinge interessierten uns besonders: die schweren Jagdbomber, die Atomwaffenträger und die Dioramen eines Jagdfliegers im 2. Weltkrieg. Gleich zu Beginn unseres Besuches bestaunten wir die Galerie der Jagdbomber und Jagdflugzeuge, die bei der NATO und dem Warschauer Pakt im Einsatz waren, all die Phantoms und MIGs. Der Anblick der Atomwaffenträger, der Pershing-Rakete, des Starfighters, der Nike-Raketen, machte uns fast Angst. Im Hangar schließlich ein Tornado-Kampfflugzeug, eine Me 109 und ein Nachbau des Gleiters der Gebrüder Wright. Sehr anschaulich war das lebensgroße begehbare Diorama eines Jagdfliegers (der Name wurde genannt, ich habe ihn vergessen) aus dem Ersten Weltkrieg. Ja, so fing der Luftkrieg an.

Nach zwei Stunden und einem erfrischenden Bier hatten wir genug vom Kalten Krieg und machten uns auf den Rückweg. Schnell noch ein Erinnerungsfoto von einem Besucher im Schildhäuschen. Vom Kriegsgerät habe ich keine Fotos gemacht. An der Anlegestelle war der Teufel los, wir dachten schon, wir kommen nicht mehr auf das Schiff. Aber es passten alle drauf, plus Fahrräder und Kleinkinder plus Kinderwagen. Am S-Bahnhof Wannsee kehrten wir in das bekannte Gartenlokal „Loretta im Garten" ein. Ein weiteres Gartenlokal gleichen Namens gab es in der Nähe des

Kurfürstendamms auf einer Baulücke in der Lietzenburger Straße, 30 Jahre lang, bis die Baulücke von Investoren geschlossen werden musste. Nach Wurstsalat für die einen und Currywurst mit Pommes für die anderen verabschiedeten sich die Freunde.

Kleine Dachflucht: Rund um die Kuppel des Humboldtforums

Nun, ich denke jetzt nicht an den architektonischen Begriff, dass die Firste der Dächer einer Straße alle die gleiche Höhe haben müssen, sondern eher an das Besteigen eines Daches, wenn auch eines besonderen Gebäudes, in diesem Fall des Humboldt Forums, dem Wiederaufbau des Berliner Stadtschlosses. Ich kam dort am späten Nachmittag an und wusste nicht so recht, wie ich auf das Dach gelangen sollte. Im Schlüterhof fragte ich mich durch. Der Aufzug ist in der Treppenhalle des Forums, sagte man mir. Das war leicht zu finden, denn alles war schon geschlossen, nur wo drei gestandene Ordnungskräfte aufhielten, da musste er sein. Die Herren geleiteten mich zum Aufzug und die 3 Euro Gebühr musste ich nicht bezahlen, denn ich wollte ja ins Dachrestaurant. Oben angekommen dachte ich mir: Das muss man gesehen haben. Das Restaurant Baret, Contemporary Cuisine mit Blick über Berlin, wirbt wie folgt:

In rund 30 Metern Höhe bietet die Dachterrasse des Humboldt Forums einen einzigartigen Blick auf die Wahrzeichen Berlins mit Museumsinsel,

Brandenburger Tor, Alexanderplatz, Berliner Dom und Marienkirche. Die rund 1.800 Quadratmeter große Terrasse ist vom Erdgeschoss aus über einen Aufzug zu erreichen. Die Terrasse bietet einen Rundgang mit Blick in alle vier Himmelsrichtungen und ist barrierefrei.

Am Sonntagabend war viel Betrieb und der Ober übersah einfach den älteren Menschen. Na gut, ich werde mich mal umsehen und den Wahrheitsgehalt der Werbung überprüfen. Außerdem hatte ich meiner Frau Eleonore versprochen, Videos von der Aussicht zu machen. Hier ein paar Screenshots.

Blick vom Forum Fridericianum in Richtung Brandenburger Tor

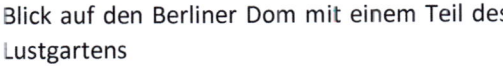

Blick auf den Berliner Dom mit einem Teil des Lustgartens

Blick auf den Fernsehturm am Alexanderplatz, rechts das Rote Rathaus

Die Kuppel des Humboldt Forums mit der biblischen Inschrift, dass alle Menschen, auch ein preußischer König, vor Christus die Knie beugen sollen.

Wer abends über den Dächern Berlins chillen will, ist hier gut aufgehoben. Aber mein Tipp ist die Führung endlang der Kuppel des Berliner Doms. Das ist gleich gegenüber, kostet was und man kann auch den Kirchenraum bewundern und gelegentlich die wunderbare Orgel hören. Ob die Sagophagen der Hohenzollern für Rheinländer attraktiv sind, kann ich nicht sagen, immerhin stehen sie in der Hauptkirche des Protestantismus.

Dem Trubel entflohen: Das Wempe und die Weißbierspezialität

Nach dem Blick über die Dächer Berlins machte ich mich auf den Weg zum empfohlenen Bierlokal am Hackeschen Markt. Das offizielle Hauptstadtportal preist dieses Viertel (in Berlin Kiez genannt) wie folgt an: Die Hackeschen Höfe in Berlin-Mitte sind Tag und Nacht ein Magnet für Berliner und Touristen. Historische Gebäudeensembles mit Jugendstilfassaden bilden hübsche kleine Hinterhöfe, die eine Mischung aus Geschäften, Kultur und Nachtleben bieten. Da muss man einfach hin.

Der Wegbeschreibung meines Handys folgend lief ich am Spreearm entlang, vorbei an der Museumsinsel und schon ziemlich weit in die Friedrichstadt hinein. Es war sehr schön, die Ausflugsdampfer auf der Spree, das hübsche

Figurenensemble und in einer Außengastronomie wurde Roch 'n Roll getanzt, sozusagen zum Nachmittagstee. Leider waren meine Schritte nicht zielführend, das Handy zeigte eine immer größer werdende Entfernung an. Also Kehrt-Marsch!

Endlich erreichte ich den Hackeschen Markt. Mein Gott, wie viele Touristen tummelten sich dort in den Straßencafés, kaum ein Durchkommen. Und obendrein, im wahrsten Sinne des Wortes, ratterten die S-Bahn und die Züge der Deutschen Bahn über die Hochbahntrasse. Nicht aufgeben, dachte ich mir, und das Handy zeigte an, dass ich noch knapp 50 Meter laufen musste. Und da war er, der Ort meiner Begierde, geprägt von Hunger und Durst.

Die Wemke ist eine Micro-Brauerei, deren Spezialität die geliebte Berliner Weiße ist. Aber nicht mit Sirup, Himbeere oder Waldmeister, ins Bier gekippt, sondern mit dem Bier vergoren. Und einen Strohhalm gibt es auch nicht, selbst wenn er aus abbaubarem Material wäre. Nun zum Essen, im Wempe gibt es nur Berliner Gerichte. Ich wähle Bouletten mit Bratkartoffeln und als Beilage Grüne-Bohnen-Salat.

Während ich auf mein Essen wartete, erinnerte ich mich an den Namensgeber des Hackeschen Marktes, von dem ich bei meinen Preußen-Recherchen gelesen hatte. Hier steht es: Hans Christoph von Hacke trat 1705 mit sechs Jahren als Korporal in das Kronprinzenregiment des Kronprinzen Friedrich Wilhelm ein und wurde im Dezember 1710 Fähnrich. Friedrich Wilhelm machte es 1713 nach seiner Thronbesteigung zum Königsregiment, mit den „Langen Kerls". Mit seiner Körpergröße von 1,91 m und seiner „genauen" Aufmerksamkeit und seinem Gehorsam erlangte de-

„lange Hacke" die Aufmerksamkeit und das Wohlwollen des Königs. Von Hacke brachte es bis zum General und war später für die Festungsanlagen Berlins verantwortlich. Bei der Erweiterung der Spandauer Vorstadt wurde der entstandene Marktplatz nach ihm benannt.

So, jetzt aber an die Buletten.

Kleine Flucht im Doppeldecker: Havelfahrt im BVG-Traditionsbus

Wie heißt es in einem Berliner Lied: Durch Berlin fließt noch die Spree. Aber wo fließt sie hin? In die Havel, lautet die Antwort. Und die dann durch Potsdam, Brandenburg an der Havel und schließlich bei Havelberg in die Elbe. Aber so weit wollte ich gar nicht, nur bis zur Pfaueninsel, Potsdam und die berühmte Glienicker Brücke in Sicht. Ich bin schon einige Male dort gewesen, mit dem Auto, entlang der Havelchaussee, am Wannsee entlang, aber diesmal mit dem Doppeldeckerbus der Berliner Verkehrsgesellschaft (BVG), im Berliner Umgang der Große Gelbe genannt.

Nichts Besonderes, denkt man. Doch, diese Strecke wird von Bussen mittleren Alters befahren. Meiner war Baujahr 1987 und hatte satte 150 kW. Aber auf dem Oberdeck vorne konnte man bequem sitzen, in den modernen schmerzen einem die Knie.

Leider war das Wetter miserabel und so dauerte der Besuch auf der Pfaueninsel nicht lange. Das Schloss, das der dicke Friedrich Wilhelm (II.) bauen ließ, war eingerüstet. So blieben nur ein paar Fotos vom Rosengarten. Dann schnell wieder auf die Fähre. Zurück ging es nur noch zum Bahnhof Wannsee, in einen der modernen Busse und mit der Wannsee-Bahn zum Zoologischen Garten. Nun war ich in der Nähe meiner akademischen Ausbildungsstätte, der TU Berlin (früher Technische Hochschule zu Charlottenburg von 1879) und dort gab es ein leckeres Mensa-Essen, viel besser als das wärend meines Studiums.

Gedankliche Rückkehr: Noch ein Freundesbesuch mit anschließendem Schlemmen

Am Nachmittag besuchte ich eine Freundschaft, mit der ich einmal verwandt war. Sie wohnen in einem besseren Berliner Mietshaus aus der Kaiserzeit. Wir unterhielten uns über Altes und Neues und über das Leben in ihrem Kiez, denn das ist die Berliner Hochburg der Schwulenszene. Ich meine die Gegend um den Nollendorfplatz mit dem Metropol-Theater.

Ich kenne die Gegend von früher, da gab es noch Striplokale und Antiquitätenläden, das hat sich geändert, jetzt gibt es neben vielen Schwulenkneipen auch Läden für den gehobenen Fetischbedarf. Besonders interessant fand ich die Butcherei Lindinger, deren Auslagen wie folgt beschrieben werden können: *Lieferant einer schier endlosen Auswahl an schwuler Fetischbekleidung aus Leder, Gummi, Metall und Neopren, sowie entsprechender Erwachsenenspielzeug, Kondomen, Gleitmitteln und Fetten, Schläuchen, Ketten, Haken, Pumpen etc. Erfahrenes und hilfsbereites Personal steht vor dem Kauf mit Rat und Tat zur Seite.*

Ich werde sicher kein Kunde und meine Bekannten, die dort wohnen, auch nicht. Nach einigen Tassen Kräutertee oder ähnlichem Gesunden verabschiedete ich mich und ging schnurstracks zu KADEWE, genauer gesagt in die Feinschmeckerabteilung im 6. Stock. Auch dort hat sich viel verändert, alles ist noch schicker geworden. Ich suchte ein frisch gezapftes Bier und wurde bei Budweiser fündig. So gestärkt machte ich mich auf den Rückweg, erlag aber am Wittenbergplatz der Versuchung einer Currywurst mit Pommes, aber mit Mayonnaise. Das nenne ich echte Schlemmerei.

Nach diesen Erlebnissen trat ich am nächsten Morgen die Heimreise an. Die (kleine) Flucht hatte sich gelegt, auch wenn die Heimkehr nicht das Beste versprach, aber Katze füttern, Müll entsorgen und Rasen mähen waren Pflicht, ganz zu schweigen von den geistigen Aktivitäten im Schreibcafé.

Beim Morgenkaffee im Hotel, das als aletto am Potsdamer Platz firmierte, aber meilenweit entfernt lag, blickte ich auf die trostlose Gegend am Gleisdreieck. Zur Information: Am Gleisdreieck kreuzen sich zwei U-Bahnlinien auf der Hochbahntrasse. Früher noch trostloser, gibt es heute auf dem Güterbahnhofsgelände einen großen Freizeitpark und die Brauerei und Kneipe BRLO BRWHOUSE. Brlo (mit e als erstem Vokal) ist das slawische Wort für Berlin.

Um 9 Uhr verließ der ICE den Hauptbahnhof, der Fernzug war wahrlich kein Sprinter, fuhr durch alle größeren Städte des Ruhrgebiets und nach einem gefühlten halben Tag endlich in den Kölner Hauptbahnhof ein. In dieser Zeit konnte ich, allein in einem Abteil sitzend, die ersten Zeilen dieses Berichts zu Papier bringen.

***

Boat & Bike rund um Berlin

Die Tochter schwärmte davon, einmal auf dem Wasser um Berlin herum zu fahren. Also buchten wir eine 4-tägige Fahrt auf der MS MARYLOU inklusive Vollpension an Bord. Werfen wir einen Blick auf die Inklusivleistungen:

➢ 3 Übernachtungen auf der MS Marylou in der gebuchten Kabinenkategorie ab/bis Berlin Spandau
➢ Programm gemäß Reiseverlauf
➢ Begrüßungsdrink und Informationsgespräch am ersten Abend an Bord
➢ Vollpension bestehend aus Frühstücksbuffet, Lunchpaket bei Radtouren oder Mittagssnack, Kaffee und Kuchen am Nachmittag
➢ Kuchen am Nachmittag und Abendessen
➢ Tägliche Kabinenreinigung
➢ Bettwäsche- und Handtuchwechsel bei Bedarf
➢ Hafen-, Schleusen- und Brückengebühren
➢ Tägliche Tourbesprechung an Bord
➢ Leihfahrrad pro Person, 7-Gang, tiefer Einstieg
➢ Geführte Radtour in Potsdam

> ➤ 1x pro Kabine Kartenmaterial und Tourenbeschreibung

Und nun der Reiseverlauf

1. Tag: Berlin-Spandau - Potsdam

Individuelle Anreise nach Berlin. Spätestens um 17:00 Uhr legt die MS MARYLOU in Richtung Potsdam ab. Die Fahrt führt über dem Wannsee, vorbei an Villen und dem denkmalgeschützten Strandbad Wannsee, das 1907 eröffnet wurde.

2. Tag: Potsdam - Köpenick (Radtour ca. 16 km)

Eine geführte Radtour führt Sie heute zu den Sehenswürdigkeiten Potsdams. Am Nachmittag geht es mit dem Schiff über den Teltowkanal nach Köpenick.

3. Tag: Köpenick - Berlin-Mitte (Radtour ca. 20 km - 50 km)

Nach dem Frühstück fahren Sie mit dem Schiff über die Spree zu einer Anlegestelle im Zentrum von Alt-Berlin. Wer möchte, kann diese Strecke auch mit dem Fahrrad zurücklegen. In Berlin haben Sie die Möglichkeit an einer geführten Radtour zu den "Highlights von Berlin" teilzunehmen (fakultativ).

4. Tag: Berlin-Mitte - Berlin-Spandau

Das Schiff fährt durch die Hauptstadt nach Berlin-Spandau, wo Ihre Reise endet. Ausschiffung bis 10:00 Uhr. Individuelle Heimreise.

Schiffsbeschreibung: Die MS MARYLOU ist ein stilvolles und gemütliches Binnenschiff, das seinen Gästen einen angenehmen Aufenthalt bietet. Man sitzt im ansprechend mit dunklem Holz eingerichteten Salon, lässt die Landschaft hinter den großen Fenstern an sich vorbeiziehen und genießt die Künste des sehr guten Kochs.

Kabinenausstattung: Die 2-Bett-Außenkabinen der MS MARYLOU verfügen über zu öffnende Bullaugen, eine Klimaanlage und ein Bad mit Dusche/WC. Die Kabinen bieten mit 11 m² auch Platz für eine 3. oder 4. Person (mit zusätzlicher oberen Betten).

Nun ist eigentlich alles über die Tour gesagt, aber wie war es am Anfang und wie war es unterwegs? Hier die kleinen Bildberichte.

Vom hohlen Zahn zum Wasserklops - und ein bisschen Elefantentor

Wo der KU-Damm auf den Tauentzien trifft, befindet sich der Breitscheidplatz, und darauf steht die Kaiser-Wilhelm-Gedächtniskirche bzw. das, was von ihr übrig ist und von Prof. Eiermann überbaut wurde. Alles wird gerade saniert. Die Reste der alten Kirche nennen die Berliner den hohlen Zahn, weil die Spitze fehlt. Auch der Weltkugelbrunnen davor wurde von den Berlinern in Wasserklops umbenannt. Eigentlich ein passender Name. Auf dem Gelände drumherum ist immer was los, Frühlingsfest, Osterfest, Weinfest und so weiter. Schaut man sich um, sieht man auf der anderen Straßenseite das Elefantentor des Zoologischen Gartens. Nun muss man sich entscheiden: Shopping im KaDeWe oder eene Bezuch im Zoo (wie der Kölner sagt).

Der Spandauer Bär - ein Festungsbauwerk

Spaziert man am Havelufer unterhalb der Schleuse Spandau entlang, entdeckt man am Mühlengraben ein merkwürdiges Bauwerk, den Batardeau, auch Bär genannt. Auf den Hinweistafeln ist zu lesen, dass es der Verteidigung des Wasserzulaufs in den Festungsgraben diente. Der potentielle Feind sollte nicht trockenen Fußes den Festungsgraben überqueren können. In die Sperrmauer sind die Schießscharten zu sehen. Das eigentliche Batardeau liegt im rechten

Winkel dazu, wegen der spitzen Mauerkrone schwer zu überwinden. Wir haben wieder etwas gelernt.

Die Nikolaikirche im Zentrum des Integrierten Leitbautenkonzeptes

Was so städtebaulich daherkommt, sieht bei unserem Besuch etwas anders aus. Keine Frage, der Alte Markt war zu sozialistischen Zeiten eine Brache mit einer Kirche, eben der Nikolaikirche. Noch dominanter war das Hochhaus des

Interhotels zur Havel hin. Jetzt steht der Neubau des Brandenburger Landtages, ein Nachbau des alten Potsdamer Stadtschlosses. Der Obelisk zwischen Kirche und Schloss soll demnächst wieder aufgestellt werden. Die Leuchtreklame am Alten Rathaus fällt aus dem Rahmen. Die Gebäude der Fachhochschule stören das Ensemble, gemäß dem Leitbautenkonzept werden sie versetzt. Wir werden in ein paar Jahren wiederkommen und sehen, was realisiert wurde. Nun geht es weiter zum Pumpenhaus, das die Fontänen in Sanssouci nie richtig zum Sprudeln gebracht hat. Es ist einer Moschee nachempfunden.

Hier liegt ein romantischer Preuße - die Friedenskirche im Park Sanssouci

Wer Schloss Sanssouci gesehen hat, sollte den Weinberg hinuntergehen und links in den stillen Garten der Friedenskirche einbiegen. Wunderschön geschmückt mit einer hellblauen Säule und einer goldenen Figur. Am Ende sieht

man schon den Campanile und daneben die Kirche im Stil einer frühchristlichen Basilika. Hinter dem Portal, in der Mitte des Kreuzgangs, steht überlebensgroß der segnende Christus. Trotz der Rundbogenromanik ist die Kirche sehr hell. Im Altarraum befinden sich die Grabplatten von Friedrich Wilhelm IV. von Preußen (dem Romantiker auf dem Thron) und seiner Gemahlin. Darunter kann man einen Blick in die Gruft werfen. Dort stehen zwei große Eichensärge. Die evangelische Gemeinde hat 1.500 Mitglieder. Die

Gottesdienste sind gut besucht und auch die Konzerte, erzählt mir die freundliche Dame. Leider bin ich nicht um die Kirche herumgegangen, dann hätte ich den schönen Teich hinter der Apsis gesehen. Vielleicht gehe ich mal zu einem Konzert und mache dann einen Rundgang, auch zum Mausoleum (runder Kuppelbau) von Friedrich III. von Preußen.

Warum nicht zur Kleinmachnower Schleuse - die Räder blieben auf dem Schiff

Zur Kleinmachnower Schleuse muss man nicht quer durch die Stadt radeln, es sei denn, man will auf die Teltower Hochfläche. Wir hatten die Räder auf unserem Schiff, der Mary Lou, gelassen. So sahen wir die Schleuse vom Wasser aus. Kurz zur Geschichte: Seine Majestät weihte die Doppelschleuse ein (1901). Sie diente im Teltowkanal dazu, den Höhenunterschied von knapp 3 m zwischen der Spree bei Köpenick im Osten und der Potsdamer Havel im Westen auszugleichen. Bei der Schleuse handelt es sich um eine Wasserspiegelschleuse, bei der das überschüssige Wasser der einen Kammer in die zu füllende andere Kammer fließt. Die Schleuse wird mit Hubtoren betrieben. Bei der Ausfahrt sollte man nicht draußen stehen, da einem das Wasser von oben in den Kragen tropft. Wer mit dem Fahrrad unterwegs ist, sollte im gleichnamigen Restaurant einkehren. Netter Laden.

Unter dem zerbrochenen Hakenkreuz - Ehrenmal und Soldatenfriedhof zugleich

Auf unserer Radtour besuchten wir den Teptower Volkspark, dessen größte Fläche das Sowjetische Ehrenmal einnimmt. Die Sowjetunion hat den Faschismus besiegt, der Soldat zerschlägt das Hakenkreuz. Eine neue Zeit bricht an, dafür steht das deutsche Mädchen im Arm. Das Denkmal steht auf einem altrussischen Grabhügel. 5.000 Soldaten liegen hier begraben. Das ist ein Bruchteil der 80.000 Gefallenen auf sowjetischer Seite in der Schlacht um Berlin. Vom Denkmal aus sieht man auf zwei Reihen großer Steintafeln, auf denen Kriegsszenen dargestellt sind. An den Stirnseiten sind stalinistische Parolen zu lesen. Sehr schön und auch feierlich ist der Eingang zum Denkmal: zwei gegeneinander gesenkte Fahnen aus rotem Granit, vor denen jeweils ein Soldat kniet. An diesem Ehrenmal hielten die sowjetischen Streitkräfte in Deutschland nach dem Fall der Mauer ihre letzte Parade ab. Ein zweites Ehrenmal befindet sich wenige hundert Meter westlich des Brandenburger Tors im ehemaligen West-Berlin. Die Ehrenmäler halten die Erinnerung an das wach, was hier bis 1945 geschah.

Wo Kreuzberg schön ist - das Engelbecken des ehemaligen Luisenstädtischen Kanals

Den Luisenstädtischen Kanal gibt es nicht mehr, dafür aber eine Grünfläche in Kanalbreite (22,5 Meter). Und eine interessante dazu. Wenn man mit dem Rade unterwegs ist, kann man am Urbanhafen des Landwehrkanals beginnen, in nördlicher Richtung über den Wassertorplatz (hier stand einst ein altes Stadttor) zum Oranienplatz (zur Erinnerung an eine dynastische Verbindung mit den Holländern) gehen. Bald erreicht man das Engelbecken (benannt nach dem

Erzengel Michael). Kurioserweise wurde der Engel zu DDR-Zeiten abgebaut, weil er so gestaltet war, als wolle er in den Westen fliehen. Hinter dem Becken erhebt sich die Michaeliskirche. Heute noch eine Ruine. Einladend ist das nette Café an der Stirnseite des Beckens. Nun geht es rechts im Halbbogen weiter

bis zur Spree.

Wie hat es meiner Tochter und mir gefallen?

Die MS Marylou ist ein umgebauter Frachtkahn mit 8 Kabinen, plus Skipper, Koch, Matrose, Schank- und Bettenmeister. Also maximal 21 Personen auf dem Schiff. Gegessen wurde an einer langen Tafel und getrunken auf dem Achterdeck. So war alles überschaubar und nett.

Für mich war es schön, einmal durch mein altes Segelrevier auf der Havel zu fahren. In Potsdam dann die erste Radtour, wir haben viel Bekanntes wiedergesehen. Dann bei Babelsberg durch den Teltowkanal mit der Kleinmachnower Schleuse, wo uns meine Berliner Freunde begrüßten. Schließlich haben wir vor Köpenick an der Spree übernachtet.

Am nächsten Tag machten wir die große Radtour durch den Ostteil Berlins, besuchten das Sowjetische Ehrenmal in Treptow, fuhren durch Prenzlauer Berg zum Mauerdenkmal und machten die Kurve zum Engelbecken des ehemaligen Luisenstädtischen Kanals. Am Palast der Tränen in der Friedrichstraße wartete die MS Marylou. Am Abend machten wir noch einen schönen Rundgang am Forum Fridericianum. Am nächsten Morgen ging es auf der Spree zurück nach Spandau.

Das alles hat uns gut gefallen und ein bisschen Sport war auch dabei.

***

Mit dem Bus durch Andalusien

Lidl, Aldi und Co. locken mit Billigreisen, und wer Zeit hat, nutzt die unschlagbaren Angebote. Zum Beispiel im Februar in wärmere Gefilde reisen, es muss ja nicht gleich baden sein, das Schauen reicht. Also haben wir eine Busreise durch Andalusien gebucht und die Tante gleich mitgenommen.

Der Flug mit Air Europa, oder so ähnlich, ging früh und noch früher standen wir am Bahnhof, warteten auf der ICE nach Frankfurt Fernbahnhof am Main, der Morgen war eisig, aber der Zug zum Flug kam pünktlich. Das Gate des Fluges nach Madrid lag irgendwie versteckt im Terminal 2, dorthin zu gelangen war unfreiwilliger Frühsport und kostete die Tante viel Mühe. Renommiert, wie beschrieben, fanden wir den Flug nicht, denn das Flugzeug startete weit außerhalb, die Anfahrt hätte auch ein Viertel der Strecke nach Madrid sein können.

Verspätet kamen wir in Madrid an, wo wir von unserem Reiseleiter, einem deutsch sprechenden Andalusier, am Flughafen abgeholt und mit Bussen zum Hotel gebracht wurden. Hier die Bewertung:

Gut, aber nicht in der Stadt (TRYP Madrid Airport Suites)

Das Hotel eignet sich nicht zum Ausgehen, sondern nur zum Übernachten. Zum nahe gelegenen Flughafen gibt es einen Shuttlebus. Die Zimmer sind Junior-Suiten, auch ganz gut, wenn einer fernsehen will und der andere sich schon ausruhen will. Das Frühstücksbuffet war gut und reichhaltig. So reichhaltig, dass die Reisenden ihre Thermoskannen füllten und Brote schmierten. Tja, die Reiseveranstalter von Lidl und Co. müssen eben kalkulieren und die Kunden auch. Das Abendessen ist nicht zu empfehlen, wenig Auswahl und mittelmäßig. Aber wohin gehen?

Der Reiseleiter hatte einen Vorschlag. Er hatte mit einem familiengeführten Restaurant ein Pausalpreismenü ausgemacht, das Restaurant war mit dem Bus schnell zu erreichen und wer Halbpension gebucht hatte, musste sowieso dort essen. Das 3-Gänge-Menü war nicht schlecht und die Reisgesellschaft auch nicht. So gestärkt wurden wir für den nächsten Reisetag auf unsere Zimmer entlassen.

Auf nach Córdoba

Bis nach Córdoba sind es gut 400 km. Für den Nachmittag hatten wir uns für die Besichtigung der Mezquita angemeldet, so dass wir ziemlich früh mit Sack und Pack aufbrechen mussten. Bei unserem ersten Halt an der Raststätte Santa Ana Madridejos war es noch sehr winterlich. So etwas hätten wir auch in Deutschland haben können, aber das spanische Ambiente passte, schließlich waren wir noch in Kastilien-La Mancha und Don Quichote durfte nicht fehlen.

Der zweite Halt war die Raststätte Erimita San Isidro. Dort war es schon sehr andalusisch, schon viel wärmer und wir bewunderten die reifen schwarzen Oliven. Noch ein paar Kilometer und wir waren in Córdoba.

Besichtigung von Córdoba

Nun hatten wir Córdoba erreicht, gerade rechtzeitig, um noch viel zu sehen. Das habe ich in drei kleinen Beiträgen zusammengestellt, wobei ich die Bewertung Mezquita de Córdoba von Tripadvisor genommen habe. Die Fotos sind allerdings von mir.

Mezquita de Córdoba - Was für ein faszinierender Ort, absolut überwältigend!

Wir haben die Mezquita mit einer Abendführung in einer kleinen Gruppe besucht. Was für ein ERLEBNIS - prachtvoll, faszinierend, überwältigend, jeder Blick ein neuer Eindruck! Man betritt die Mezquita in der Dämmerung und nach und nach werden nur die Bereiche beleuchtet, in denen man sich gerade befindet. Eine Verbindung zwischen Islam und Christentum, eine Kirche in einer

Moschee und hunderte von Steinpfeilern, die jeden Schritt zu einem neuen optischen Erlebnis machen. Begeisterung ist einfach zu tief gestapelt, wir waren wirklich überwältigt.

Nach der Mezquita rein ins Judenviertel und zurück mit einem Glas Montilla

Am Ausgang der Mezquita beginnt das Viertel der sephardischen Juden. Ein malerisches Gewirr von Gassen, alles schöne Fotomotive. Einfach ma durchschlendern und sich, wenn man geführt wird, etwas über die Juden in Córdoba erzählen lassen. Viele sind nicht mehr da. Wir gingen dann zurück zur Mezquita, vor dem Eingang sind nicht nur die Toiletten, sondern auch eine Bar

Man bestellt ein Gläschen Montilla Moriles, ein sherryähnlicher Weißwein aus der Gegend. Dazu eine Schinkenplatte vom iberischen Schwein. Vergessen Sie nicht Brot und Olivenöl. Vergessen Sie das Loch im Portemonnaie.

Die Flussmühlen von Córdoba

Auf dem Rückweg zum Bus führte die Straße am Fluss Guadalquivir entlang. Unweigerlich fällt der Blick auf die mächtigen Steinbögen der alten römischen Brücke von Córdoba. Interessant sind das riesige Wasserrad und die Überreste der Flussmühlen. Sie dienten den Mauren zur Bewässerung ihrer Gärten im Alkazar. Ich weiß nicht, ob man über die Brücke gehen kann. Probiere es ein anderes Mal.

Weiter nach Sevilla

Nach der anstrengenden Besichtigung von Córdoba fuhr der Bus noch 150 km weiter in die Umgebung von Sevilla. Mit dem spanischen ICE, AVE genannt, hätten wir 45 Minuten gebraucht. Der Blick aus dem Fenster des angefahrenen Hotels täuscht. Hier meine Bewertung.

Der maurische Stil nützt nichts, aber es gibt einen Lichtblick

Das Hotel Abades Benaczon ist ein Touristenhotel. Massenabfertigung im Speisesaal. Frühstück eher dürftig. Abends woanders hingehen. Ich komme gleich darauf zurück. Das Hotel liegt westlich der Autobahn nach Sevilla. Morgens viel Verkehr. Lieber in Sevilla absteigen, es lohnt sich, wenn abends die Touristen weg sind. Aber ein Highlight gibt es, die kleine Tapasbar La Alacena gleich links ist nicht weit. Sehr gemütlich, sehr andalusisch. Oder doch lieber zum Lidl oder zur Tankstelle direkt an der Autobahn?

Nur ein paar Schritte vom Hotel entfernt und sehr empfehlenswert

Abendessen im Hotel, das wollten wir uns sparen. Also haben wir uns umgeschaut. Bei Lidl was holen, hinter der Tankstelle essen - nein. Und siehe da, das Gute liegt so nah, vom Hotel links über die Straße und dann noch 100 m: eine gemütliche Tapas-Bar mit kleinem Restaurant. Große Auswahl an frischem Fisch und was es sonst noch so in Andalusien gibt. Und zum Abschluss einen Brandy (bitte mit "a" aussprechen). Das hat sich herumgesprochen, am nächsten Abend war die halbe Reisegesellschaft dort.

Besichtigung von Sevilla

Sevilla ist sehr sehenswert, deshalb ging es schon früh mit dem Bus los. Zuerst zur Plaza de Americana, dann über den Maria-Luisa-Park zur Plaza de España, weiter zur Real Frabrica de Tabaco ins alte Judenviertel, dann zu den fürstlichen Gärten im Alkazar, schließlich zur Kathedrale von Sevilla. Nach all dem, endlich Freizeit. Von der Kathedrale geht es direkt in den Bario Santa Cruz. Dort verbrachten wir ein paar gemütliche Stunden.

Neben der Plaza de España einer der schönsten Plätze der Stadt

Auch der Plaza de Americana wurde anlässlich der Weltausstellung 1929 angelegt. Im Süden befindet sich das Archäologische Museum, gegenüber dem Museum für Volkskunst, östlich des Königlichen Pavillons. Mehr oder weniger in der Nähe befinden sich die Ausstellungsgebäude der spanischsprachigen Länder. Man erkennt sie am Baustil. Raten Sie mal. Ein schöner Platz zum Verweilen oder gleich durch den Maria-Luise-Park zur Plaza de España?

Auch heute noch schön, aber ohne Geschichte

Die Plaza de España ist einer der bekanntesten und beliebtesten Plätze Sevillas. Er wurde 1929 für die Iberoamerikanische Ausstellung direkt neben dem Maria-Luisa-Park angelegt. Das Halbrund der Gebäude symbolisiert die vier spanischen Königreiche, die Kacheln Ereignisse der spanischen Geschichte, das halbrunde Wasserbecken davor den Atlantik, die Brücken den Zugang zu den iberoamerikanischen Ländern. In der Mitte des Platzes befindet sich ein Springbrunnen, zu beiden Seiten flankieren Türme das Ensemble. Machen Sie einen Rundgang und genießen Sie das Bild, im wahrsten Sinne des Wortes.

Über die Real Fabrica de Tabacos ins alte Judenviertel zu den fürstlichen Gärten des Alkazars

Von der Plaza de España in Richtung Giralda am Grandhotel vorbei zur königlichen Tabakfabrik, bekannt aus der Oper "Carmen". Dann entlang der königlichen Gärten, rechts die Säulen des Herkules, darüber die Inschrift "Isabelle" und die Karavelle

des Kolumbus (Colon) und schon ist man im alten Judenviertel. Man denkt an die Geschichte der jungen Jüdin Susona (Susanne), die, um ihren christlichen Geliebten zu schützen, ihren Vater verriet. Ihr Schädel ist als Kachel in der Wand zu sehen. Durch die engen, malerischen Gassen und Plätze steht man plötzlich zwischen dem Alkazar und der Giralda-Kathedrale. Wohin zuerst? Beide lohnen sich, aber man muss Schlange stehen.

Hinauf auf den Glockenturm mit der sich drehenden Skulptur - la Giralda

Auf den Glockenturm, das ist ein Muss und das Weltkulturerbe von oben bestaunen. Wie kommt man hin, gute Kondition vorausgesetzt? Nun, man bezahlt nach dem Anstehen den Eintritt, geht am Krokodilsgeschenk des Sultans

vorbei, in die riesige Kathedrale hinein und folgt den Schildern zum Turm. Dann geht es die 38 Rampen hinauf, früher ritt der Muezzin auf dem Esel hinauf, später der Glöckner. Oben angekommen (keine Angst es gibt einen Wächter und einen Wiederbelebungsapparat) hat man einen fantastischen Rundblick: das alte Viertel Santa Cruz, die Plaza de Torros und die Bausünden der Stadt, das Gebäude der Regionalregierung, daneben der Büroturm. Und natürlich über die Dächer und Höfe der Kathedrale. Die selbst ist dunkel, erinnert an die Inquisition. Hinauf!

Cadiz an der Costa de Luz

Von unserem Hotel am Stadtrand von Sevilla ist es eine gute Stunde mit dem Bus an die Küste des Lichts. Und das Wetter hat uns alle begeistert. Hier zwei Eindrücke.

Sandstrand und uralte Kautschukbäume

Wer an die Küste des Lichts will, kann das in Cádiz am Strand La Caleta tun. Das ist eine Badebucht mit kleinen Booten und einer Festung. Unbedingt ins Wasser gehen, Vorsicht vor Wellengang. Von der Strandpromenade hat man einen traumhaften Blick auf den Atlantik. Wenn man sich umdreht, kann man die

Gummibäume bewundern, die die Nonnen des dahinterliegenden Klosters vor 500 Jahren gepflanzt haben. Riesige Pflanzen, die von Betonpfeilern gestützt werden müssen. Und durch die malerischen Gassen zum Markt mit seiner riesigen Auswahl an Fisch und Meeresfrüchten.

Der große Zentralmarkt bietet eine riesige Auswahl und was Römisches

Das ist ein Markt! Da kann man nur staunen: Fisch und andere Meeresfrüchte in riesiger Menge und Auswahl. Frischer geht es nicht. An einer Seite der Markthalle eine lange römische Säulenreihe, Cádiz muss den Römern wichtig

gewesen sein. An der Ecke Churros mit heißer Schokolade ist angesagt. Die Post gleich nebenan hat auch einen tollen Geldautomaten, bei dem Deutsch kein Problem ist. Essen gehen in einem der vielen Restaurants, frittierter Fisch und Meeresfrüchte, dazu ein leckeres Bier, por favor.

Weiter nach Jerez de la Frontera

Nach der Costa de Luz kam Jerez de la Frontera, wo der Sherry herkommt. Hier der Eindruck.

Der gute Sherry und die schönen Vollblüter

Schon immer wollten wir nach Jerez de la Frontera fahren, um den guten Sherry zu probieren und die rassigen andalusischen Pferde zu bewundern. Jetzt haben wir es geschafft. Wir hatten eine Führung mit Verkostung in der Bodega des Markgrafen des königlichen Schatzes, einem adeligen Anwesen. Uns wurden die Fässer gezeigt und der Prozess wie beim Sherry, umfüllen, umfüllen, viermal von unten nach oben. Und dann die Verkostung, reichlich, reichlich. Man kann auch viel mitnehmen. Der Höhepunkt, finden wir, ist die Pferdezucht. Welche Rasse, welche Eleganz. Wo ich doch nichts von Pferden verstehe. Alle Pferde heißen Tio (Onkel) .... Ja, da muss man hin.

Die nächste Etappe unserer Busreise: Ronda

Nach dem Abstecher in den Südwesten nun wieder zurück zu einer weiteren Attraktion, eigentlich zwei: der berühmten Brücke über die Schlucht und der Wiege des Stierkampfes, beides in Ronda.

Schon im 18. Jahrhundert kämpften hier die Toreros mit den Stieren

Ein zentraler Punkt ist die Plaza de Toros. Von hier aus kann man in die Einkaufsstraße gehen, zum Aussichtspunkt (Mirador de Ronda), zur berühmten

Brücke oder in die Stierkampfarena. Wir waren allerdings nur im Vorraum. Ein nächstes Mal gehen wir rein, bewundern lebende Stiere und Toreros.

Ein schöner Blick auf die Umgebung

Von der Stierkampfarena gehen wir in den kleinen Park und auf die Aussichtsplattform. Unten schlängelt sich der Tajo, der in Portugal Tejo heißt. Wer länger verweilen möchte, geht gleich rechts ins Restaurant des Parador de Ronda, d.h. draußen auf der Terrasse bleiben und sich bewirten lassen. Achtung, Terrasse mit Aussicht kostet 15% Aufpreis. Aber es lohnt sich, wirklich. Empfehlung: Schinken-Käseplatte mit korrespondierendem Weißwein.

Gleich um die Ecke liegt die berühmte Römerbrücke, die die christliche Neustadt mit der maurischen Altstadt verbindet. Schwierig zu fotografieren.

Zum Höhepunkt unserer Reise - Granada

Von Ronda aus fuhren wir nach Granada, wohl der Höhepunkt unserer Busreise. Wir bezogen ein Zimmer in einem riesigen Hotel. Ich habe es weiter unten beschrieben. Dann mussten wir uns beeilen, denn am Abend war eine Flamenco-Show angesagt. Am nächsten Tag wurden wir durch die Alhambra geführt, mehr dazu weiter unten. Den Nachmittag verbrachten wir in der schönen Altstadt.

Riesiger moderner Kasten, eher rund (Abades Nevada Palast)

Unser Zimmer lag an der Straße, war aber eher ruhig. Die Klimaanlage haben wir nicht gerafft und die Toilette mit eingebautem Bidet war eine feuchte Überraschung. Das Hotel liegt nicht in der Stadt, aber mit dem Taxi ist man in 10 Minuten dort. Braucht man aber nicht, alles ist in der Nähe, von McDonald bis... Das Frühstücksbuffet war ok. Die riesige Halle war wohl ungemütlich. Etwas besser wäre ein kleines Hotel in der Down Town. Aber wenn man in der nahen Sierra Ski fahren will, ist es ok. Wir haben die Leute in ihren Skianzügen gesehen. Es gibt wohl auch einen Shuttlebus.

Bei den Gitanos im Tablao Flamenco Albayzin

Wir wollten schon immer mal Flamenco live sehen. Hier hatten wir die Gelegenheit. Man ist ganz nah am Geschehen. Die Musik (Gesang und Gitarre) gefiel uns besser als der Tanz. Und eigentlich ist alles sehr schön arrangiert. Aber eine Show wie im Fernsehen kann man vergessen. Man saß auf unbequemer Stühlen um die Bühne herum, ein Getränk gab es umsonst. Für den Gruppenpreis war es okay. Eine ähnliche Veranstaltung (Tangoshow) hatten wir in Buenos Aires erlebt, viel teurer und mit viel mehr Gedränge.

Granada ist eine tolle Stadt und die Alhambra ist nur der Anfang

Andalusien und Granada, das gehört zusammen. Und wenn nicht Skifahren in der Sierra, dann eben die Alhambra. Bildung muss sein. Vorher eine Eintrittskarte besorgen, mehr als 6.000 Besucher pro Tag kommen nicht rein. Und gut zu Fuß muss man auch sein, aber die 6 km schafft man locker. Die Alhambra ist eigentlich eine kleine Festungsstadt, außer dem Sultan lebten dort noch 3.000 Menschen. Und schade, dass Karl V. seinen halbfertigen Palast mitten hinein gebaut hat. Heute gibt es noch ein Kloster auf dem Arial und 3 bewohnte Häuser (Hotel Amerika). Man sollte sich auf eine

Führung einlassen, sonst sieht man nur viel, wenn auch Schönes. Und vorher auf Toilette gehen, die Führung durch das weitläufige Gebäude ist lang, man kommt nicht so schnell wieder raus. Wenn Sie sich erholen wollen, gehen Sie, wie der Sultan damals, in den Sommerpalast (Generalife). Oder man fährt über die Sierra Nevada an die Küste, eine Stunde mit dem Auto.

Garten und Palast der maurischen Herrscher (Generalife)

Was soll man empfehlen, zuerst in die Alhambra oder zuerst durch den schönen Palast der Generarife (der Architekten)? Wir waren zuerst da, am Nachmittag. Es war sonnig und nicht mehr so kalt. Eine schöne Führung. Man kann sich vorstellen, wie der Sultan hier mit seinen Lieblingsfrauen und Eunuchen vor der Hitze der Alhambra geflohen ist. Alles sehr luftig angelegt. Wirklich schön. Dann kann man ganz entspannt die Festung besichtigen.

Hier kann man entspannen und einkaufen

In der Downtown ist Granada sehr schön, alles zusammen. Man kann in die Tapas-Bar gehen, sich ein Bier bestellen und kriegt was zum Beißen dazu. Oder um die Ecke shoppen gehen, Kleider für die Enkelin kaufen und ein paar Schuhe müssen auch noch sein. Bildungshungrige schauen sich die Bauten der christlichen Herrscher an. Oben in der Alhambra wollte man den Mauren in nichts nachstehen. Ein interessanter Ort, an dem man viel machen kann. So ein Nachmittag.

Von Granada nach Toledo

Von Granada nach Toledo sind es 370 km, mit Pause gut 4 Stunden. Der Bus lässt die Sierra Nevada hinter sich und fährt durch La Mancha. Hier hat Cervantes seinen Don Quijote spielen lassen. Im Land der Burgen (Castilla) und der Windmühlen (Molinos). Auf dem großen Foto aus dem Fenster des Busses sieht man beides.

Unterwegs gab es eine Pause, um den berühmten Käse und natürlich den Wein der Region zu probieren. Der folgende Cartoon zeugt davon.

Er trägt die Überschrift "Halleluja auf dem Weg" und "Frederico, Käse und Wein". Der Käse, alternativ Schinken, wurde auf einem Sandwich (Bocadillo) mit einem Gläschen Weißwein serviert. Bald ging es weiter, immer an der Stierwerbung für Sherry vorbei.

Noch ein Wort zu Cervantes und seinem tapferen Ritter. Der Dichter beschrieb in seiner Erzählung die Landschaft, in der er lebte, die Figur des Don Quijote mit seinen Abenteuern diente als Mittel dazu.

Nächste Station unserer Busreise: Toledo

Gut, wir waren schon einmal in Toledo gewesen, kannten uns ein wenig aus. Aber diesmal war es ausführlicher. Zuerst eine Besichtigung von außen und dann von innen, mit einer richtigen Führung. Der folgende Beitrag berichtet darüber.

Besichtigung von Toledo

Wenn der Reiseleiter gnädig ist, lässt er Sie am Parque de la Vega aussteigen. Von dort kann man mit der Rolltreppe in die Altstadt fahren. Und schon steht man auf der Plaza de la Zurzuela. Jetzt gilt es, die Stadt der drei Kulturen zu besichtigen. Also - alles auf die riesige Kathedrale zu. Reingehen lohnt sich, allein schon wegen des kunstvollen Lochs im Dach und es riecht nach der Heiligen Inquisition. Weiter durch die Stadt, dorthin, wo alle hinlaufen. So kommt man in das Viertel der

sephardischen Juden, von denen auch nur wenige überlebt haben. Wenn man dann noch eine lange Schlange sieht, dann weiß man, dass man am Alkazar ist, dem Palast der Mauren. Wir haben uns nicht angestellt, sondern sind weiter zum Monasterium de San Juan de los Reyes gegangen. An der Kirche hängen noch die vielen Ketten, an denen die Ketzer aufgehängt wurden. Dank Ihrer aller katholischsten Majestät. Aber es gibt auch Erfreuliches, den Garten mit dem Kopf von El Greco und die Brücke San Martin über den Tajo. Über den man auch Seilrutschen kann.

Zurück in der spanischen Hauptstadt

Von Toledo ging es zurück in unser Hotel in Madrid. Nun war genug Zeit, sich die Stadt in den nächsten Tagen anzuschauen. Für diejenigen, die schon vorher in Madrid waren, gab es die Möglichkeit, Avila und Segovia zu besuchen. Das

haben wir dann auch gemacht. Aber zuerst wurde Madrid erkundet. Dazu in loser Folge einige Beiträge. Angefangen haben wir an der Plaza de España und dort einige schöne Fotos gemacht.

Auf dem Hauptplatz der Stadt Madrid - Plaza Mayor - war und ist immer was los

Damals wie heute. Damals waren es Märkte, Stierkämpfe, Fußballspiele, Theater und während der spanischen Inquisition die sogenannten Autodafés gegen vermeintliche Ketzer. Heute findet hier der traditionelle Weihnachtsmarkt statt. Hier kann man sich kulinarisch verwöhnen lassen, sich informieren oder einfach nur bummeln.

Das habsburgische Madrid - ruhig und schön und so voller Geschichte

Auf die nahe gelegene Plaza Mayor kann man immer noch gehen. Dort findet zwar kein Autodafé statt, aber es ist immer noch so voll. Die Plaza de Villa stammt aus der Zeit, als Kaiser Karl V., in Spanien Carlos I., sein Weltreich aufbaute. Die drei sie umgebenden Gebäude, darunter das Denkmal eines siegreichen Admirals, erzählen Geschichten. Die Casa de la Villa ist das Rathaus, der heutige Bürgermeister heißt Ramses. Das Gebäude war zu klein, es musste der Palacio de Telecomunicaciones an der Plaza de Cibeles herhalten. In der Casa de los Lujanes war Franz I. als französischer

Gefangener untergebracht. Die Casa de Cisneros gehörte dem legendären Kardinal Cisneros, Großinquisitor und Beichtvater von Isabella I. Was für ein geschichtsträchtiger Ort! Raten Sie mal, welchen Gebäuden Sie ihn zuordnen können.

Dem Trubel des Königspalastes und der Plaza Mayor entfliehen - Jardines de Sabatine

Man stelle sich vor, die Plaza Mayor ist voller Menschen und am Palacio Real Madrid stehen die Besucher 100 Meter und mehr Schlange. Nun, es ist Sonntag, die Sonne scheint, die Madrilenen sind auf den Beinen und Busladungen von Touristen auch. Wohin? Nicht weit, rechts vom Königspalast: schöne Gärten, ruhig komponiert. Ein Akkordeon spielt etwas Schönes, ein Paar lässt sich fotografieren, ein anderes macht Akrobatik. Ausruhen auf der Parkbank. So eingestimmt ins nahe Schinkenmuseum. Rein ins Getümmel dort.

Monumentale Stierkampfarena

Obwohl Real Madrid die Nase vorn hat, gehen viele immer noch zum Stierkampf. Und dann in die Arena „Las Ventas". Unser Bus hält nur 20 Minuten, dann sehen wir nur noch den Vorplatz. Das Gebäude wurde in den 30er Jahren des letzten Jahrhunderts im neomaurischen Stil erbaut. Das sieht man an den Rundbögen. Damals war die Begeisterung für den Stierkampf noch größer. Vor der Arena steht natürlich der Kampfstier mit dem Torero. In einer Ecke steht das Denkmal von Sir Alexander Fleming, der von einem Torero umworben wird. Wahrscheinlich war das von Fleming entdeckte Antibiotikum bei Verletzungen durch den Stier sehr hilfreich. Das nächste Mal gehen wir ins Museum.

Der Rückzugspark in Madrid, im wahrsten Sinne des Wortes

Jetzt im Februar ist noch nicht viel los, aber ein Spaziergang lohnt sich. Von der Puerta de Alcala zu den schönen Galapagos-Brunnen. Auch wenn die speienden Frösche eher Warane sein sollten. Zum großen Wasserbecken mit dem Denkmal von Alfonso VII. und weiter zum Palace de Velazquez mit einer Ausstellung moderner Kunst und einer Toilette. Ich glaube, man kann auch dringend an den zahlreichen Kiosken pinkeln. Zuletzt besuchten wir den Kristallpalast. Alles in allem ein schöner Park inmitten der Hektik Madrids. Ein Rückzugsort, wie der Name Retiro schon sagt.

Zuhause der königlichen Fußballer

An der Ausfallstraße in den Norden Spaniens (Av. de la Castill ana) liegt ein Fußball-Muss, das Stadion Santiago Bernabeu, Heimstätte von Real Madrid. Auch wenn nicht gespielt wird, kommt man rein. Für 28 Euro die große Tour, für 15 Euro die kleine. Aber lange anstehen, als wäre ein Spiel. Es gibt noch eine

dritte Möglichkeit, einen Blick ins Stadion zu werfen (ohne Anstehen), die VIP-Lounge. Eintritt 3 € und ein Getränk umsonst. Nur weiß ich nicht, ob das für Einzelpersonen gilt. Wäre zu erfragen. Und man fühlt sich wichtig unter wichtigen Leuten. Sollte man mal ausprobieren, wenn man in Madrid ist.

Die goldene Feder am Rande von Madrid

An der Plaza de Castilla sollte man aussteigen, aus der Metro, dem Auto oder dem Bus. Beeindruckend sind die 115 Meter hohen schiefen Gebäude auf beiden Seiten. Sie stellen das Tor zu Europa dar und im Norden liegt Kastilien Ein wunderschöner Platz mit einem goldenen Obelisken, dem Stift. Die Statue

stellt, soweit ich weiß, den ersten Präsidenten Spaniens dar. An der rechten Ecke, wenn man nach Norden schaut, ist ein Kiosk. Kaufen Sie sich etwas Süßes, am besten Chocolate con Churros.

Avila und Segovia

Fest wie die Mauern war die Treue zu Franco

Die 2,5 km lange Stadtmauer ist sehenswert (Welt-kulturerbe). Und weil Avila über 1.100 m über dem Meeresspiegel liegt, liegt auch im Februar Schnee davor. Die Stadt ist römischen Ursprungs, dann kamen die Westgoten, die Mauren und schließlich die christlichen Herrscher. Und noch ein Herrscher sei erwähnt: der

Diktator Franco. Etwas außerhalb von Alvia befand sich der Flugplatz der Legion Condor während des spanischen Bürgerkrieges. Von hier aus wurden die Stukas erprobt. Aber lassen wir die Vergangenheit und schauen uns die Stadt an. Bequem zu erreichen über die Rolltreppen bei der Tourist Information.

Die große "Erlöser"-Kathedrale von Avila

Eigentlich bin ich kein Freund von Sakralbauten, aber diese Kathedrale ist einzigartig. Eigentlich zuerst ein Festungsbau an der Stadtmauer, dann die erste

gotische Kathedrale Spaniens. Man geht rein und schaut sich alles an, den Chor, das Taufbecken, die Sakristei und den Kreuzgang. Alles ist wunderschön. Den Audioguide gibt es auch auf Deutsch. Und vielleicht ein bisschen Zeit mitbringen. Dann ein paar Schritte zum Marktplatz gehen und in der Bäckerei/Konditorei etwas Leckeres kaufen. Auch das lohnt sich.

Rund um ein beeindruckendes Bauwerk

Wer an Segovia denkt, denkt an das römische Aquädukt, das das Tal überquert, in dem die Altstadt liegt. Ziemlich hoch und ganz ohne Mörtel. Man kann seitlich hinaufgehen und alles von oben fotografieren. Es war saukalt und windig, in der Stadt haben sie den Schnee geräumt. Vor der Stadtbesichtigung stärkten wir uns mit dem traditionellen Spanferkelessen. Fast alle gingen in das teure Meson de Candido, gleich neben dem Aquädukt. Vielleicht 200 m die Hauptstraße runter gibt es das Restaurant Casa Duque. Oben Tapas-Bar, unten gepflegtes Restaurant, sehr gut, aber auch nicht billig. Aber sehr zu empfehlen.

Vom Aquädukt zum Alcázar durch die mittelalterliche Stadt

Gut gestärkt vom Spanferkelbraten spazierten wir durch die Stadt. Vorbei an der prächtigen Kathedrale "Nuesta Señora de la Asunción y San Frutos Cathetral", also der Kathedrale Mariä Himmelfahrt und San Frutos. Schließlich kamen wir am Königspalast an, gingen aber nicht hinein. Der Palast war wohl das Vorbild für die Luftschlösser im Disneyland. Bemerkenswert ist die Artillerieschule französischer Herkunft. Und es gibt einen schönen Panoramablick und eine Toilette, an der sich Besucherschlangen bilden.

Mit dem Bus durch Andalusien - ist das empfehlenswert?

Bei der Beantwortung dieser Frage kommt es auf den Standpunkt an. Möchte ich mich führen lassen, mich um nichts kümmern und trotzdem alles sehen oder mache ich es auf eigene Faust. Dann muss ich mir die Tour selbst zusammenstellen, die Unterkünfte buchen und den Transport organisieren. Dann muss ich aber nicht der Herde folgen. Billiger komme ich auf keinen Fall weg. Also aus finanzieller Sicht empfehlenswert.

Wir haben alle Highlights von Andalusien gesehen, Toledo und Madrid dazu, und noch mehr, Avila und Segovia im Norden oben drauf. Man bekommt schon einen guten Überblick. Individualreisende mögen die Nase rümpfen, alles zu oberflächlich bis Mainstream. Ja, das stimmt, und die Unterkünfte sind auch nur „in der Nähe".

Schließlich waren wir auf dem Rückflug, noch zu einer vernünftigen Tageszeit, nicht ganz, denn auf dem Fernbahnhof herrschte Feierabendverkehr. Im ICE nach Hause fanden wir noch ein schmales Plätzchen im Bordbristo. Dann die Tante abliefern und ab nach Hause. Der Kater wartete schon auf sein Abendessen.

Eines dieser hässlichen Souvenirs haben wir nicht gekauft.

***

Zweiter Band

Der folgende zweite Band enthält drei Reisen auf die iberische Halbinsel, eine in den Osten der Vereinigten Staaten von Amerika und, als Neuheit, kleine Abstecher zu Orten in der Nähe oder auch weiter.

Auf der iberischen Halbinsel waren wir zuerst in Porto, ein Sonderangebot. Mit dem richtigen Know-how war das eine tolle Sache. Man muss nicht im Zentrum wohnen, die Vila Nova de Gaia tut es auch. Es gibt viel zu sehen: Die Kathedrale von Porto mit der Reconquista, den Bahnhof Bento, die Kirche Santa Klara bis hin zur Brücke über den Douro, man kann eine Mini-Bootstour auf dem Douro machen und vieles mehr, zum Beispiel Portos älteste Weinkellerei Taylor's besichtigen oder die Buchhandlung Lello, eine Sehenswürdigkeit nicht nur für Harry-Potter-Fans.

Anfang November, so dachten wir, kann es in Portugal noch nicht so kalt sein, und das Wetter gab uns recht. So machten wir eine Kreuzfahrt auf dem Douro. Wegen eines Streiks des Lufthansa-Personals kamen wir etwas unständlich, aber noch rechtzeitig nach Porto, um an Bord zu gehen. So viel Eile war gar nicht nötig, denn das Schiff blieb über Nacht, so dass am nächsten Tag eine Stadtrundfahrt mit anschließender Weinkellerbesichtigung auf dem Programm stand. Dann ging es los, den Douro hinauf, durch einige Schleusen mit 36 m Hub. Schloss Mateus (Roséwein) in Régua anschauen, nicht die schönen Kachelbilder vergessen, und den Abend auf einem Weingut verbringen. Ein Höhepunkt war der Besuch in Salamanco: Plaza Major, Muschelhaus und die riesige Kathedrale mit dem kleinen Astronauten am Eingang. Auf der Rückfahrt das sehenswerte alte Dorf Castelo Rodrigo und wieder eine Übernachtung auf dem Schiff in Porto. Es bot sich die Gelegenheit zu einem Bummel durch die Einkaufsstraße Santa Catarina, am schönsten war die Einkehr in der Törtchenfabrik.

Bevor ich über eine Busrundreise in den USA berichte, habe ich einige kleine Ausflüge, Abstecher und Tagesaufenthalte beschrieben. Und einen zweiten Teil dazu.

Die Gruppenreise Eastern Triangle ist ein Standard für Amerikareisende und erfreut sich nicht nur bei Deutschen großer Beliebtheit. Für mich war es die Gelegenheit, im Anschluss an eine Transatlantikkreuzfahrt diese Rundreise zu machen. Wenn man die Destinationen miteinander verbindet, ergibt sich ein

Dreieck, das in NYC beginnt, nach Nordwesten zu den Niagara-Fällen und danach Toronto in Kanada geht, dann nach Südosten nach Washington D.C. und über Philadelphia sich in New York City schließt. Es war eine Rundreise zu vielen berühmten Sehenswürdigkeiten Amerikas: In NYC gebietet es der Anstand, das Denkmal am Ground Zero (9/11/2001) zu besuchen. Von dort ging der Blick auch das One World Observatory - World Trade Center. Dann waren die Niragarafälle von beiden Seiten und mit dem Boot sehr nahe zu besichtigen. Das nahe Toronto ist einen Besuch wert. Und mittendrin erstrahlt das Washington Monument in der amerikanischen Hauptstadt, wenn man abends einen Rundgang durch Washington D.C. macht. Tagsüber ging es auf die National Mall und in eines der vielen Museen. Aber auch der Arlington National Cemetery und Old Town Alexandria in der Umgebung durften nicht fehlen. Rückwärts ging es über den Philadelphia Independence National Historical Park mit der Freiheitsglocke, der Independence Hall und der Old Town.

Schließlich war ich mit der Familie in Bilbao. Wir haben uns in der Altstadt herumgetrieben und die Töchter sind in der Neustadt shoppen gegangen. An Sehenswürdigkeiten hat Bilbao viel zu bieten: Erst ins Itsasmuseum, dann am Fluss entlang bis zur Hängebrücke Puente Vizcaya an der Flussmündung, dann ins berühmte Guggenheim-Museum und mit dem Bus nach San Sebastian, und dort gegessen, wo die Oma kocht, Speisekarte schon auf Spanisch und Französisch.

***

Mit Ryanair Holiday nach Porto

Kurz vor der Corona-Pandemie gab es ein Superangebot von Ryanair Holiday, 3 Übernachtungen plus Flug für 133 € pro Person. Da haben wir zugeschlagen, auch weil wir noch nie in Porto waren. Die folgenden kleinen Berichte habe ich in chronologischer Reihenfolge zusammengestellt, wenn auch nicht immer nach Datum und Uhrzeit der Fotos.

Nicht laufen, günstig fahren

Beginnen wir am Flughafen. Von dort wollen Sie sicher zu Ihrem Hotel. Jetzt stehen Sie vor dem Fahrkartenautomaten. Wenn Sie nicht weiterwissen, gibt es hier eine nette Hilfe. Zuerst brauchen Sie die Entfernungszone plus eine aufladbare Fahrkarte. Für die Zone 4 zahlt man dann 2,60 € und kommt damit sehr weit. Wir wollten zum Beispiel in die Neustadt (Gaia) zum Kaufhaus (El

Cortes Ingles). Wenn die Karte leer ist, steckt man sie in den Touchscreen und lädt sie auf. Die einfache Fahrt kostet 1,20 €. Laufen lohnt sich nicht. Die Metro fährt ab 6 Uhr morgens.

Gutes Hotel in der neuen Stadt (Vila Nova de Gaia)

Nun, das Clip Hotel ist ein 3-Sterne-Hotel, also nichts Besonderes. Aber es liegt zentral in der Neustadt, der Bus zum Cais de Gaia (Nummer 900) hält fast vor der Tür, die Metro (Station Joao de Deus) ist 200 Meter entfernt, das riesige Kaufhaus El Cortes Ingles ist gleich nebenan. In dessen Untergeschoss gibt es eine Fressmeile, die man direkt von der Metrostation aus über eine Rolltreppe erreichen kann. Bis zum Sao Bento sind es 4 Stationen (für 1,20 €). Man muss also nicht laufen.

Das Hotelpersonal ist sehr freundlich, frühstücken kann man in den beiden Cafés nebenan. Ich empfehle das "Angola". Die Zimmer sind in Ordnung, auch zur Straße hin ist es bei geschlossenen Fenstern nicht laut. Die Badezimmertür ging nicht ganz zu. Wir konnten unsere Bordkarte am Computer ausdrucken (bei Ryanair empfehlenswert, sonst wird es teuer). Die übliche "Kurtaxe" von 2 € pro Person und Tag wurde uns nicht abgeknöpft. Wir würden wieder dort übernachten, auch um dem Trubel eines Altstadthotels zu entgehen.

Die Kathedrale von Porto mit der Reconquista - den Grafen von Portugal

Einer der ersten Erkundungsgänge führt auf den Hügel in die Oberstadt mit der Se Catedral. Man konnt vom Bahnhof Sao Bento hinauf und erblickt ein Reiterstandbild. Verewigt ist der Graf von Portugal Vimara Peres. Er befreit Portugal im Jahre 868 von den Mauren. Soviel zur Geschichte. Weiter hinauf zur Kathedrale, die zurzeit eine Baustelle ist, aber man kann trotzdem einen Blick hineinwerfen. Riesig. Schön ist die Balustrade vor dem Eingang. Noch schöner von dort aus der Rundblick: über die Altstadt, den Fluss und die andere Uferseite, die Neustadt Gaia. Dann hinunter zum Cais da Ribereia gehen gemütlich durch die verwinkelten Gassen traben und am Flussufer auf ein Bierchen einkehren. Ein Super Bock bestellen (das ist dort die angesagte Biermarke, nicht zu verwechseln mit unserem Bockbier).

Am Cais da Ribereia

Vom Cais da Ribereia schaut man hinauf zur Brücke, auf der unten die Autos über den Douro fahren und oben die Straßenbahn. Man kann die Brücke auch zu Fuß überqueren, unten und oben, je nachdem, wohin man will. Wir wollten zurück in unser Hotel in Vila Nova de Gaia. Da muss man den unteren Fußweg nehmen und dann den Berg hoch. Es war schon dunkel, aber die Brücke und das Kloster gegenüber leuchteten in vollem Glanz.

Über den Bahnhof zur Kirche Santa Klara zur Brücke über den Douro

Direkt neben der Metrostation Sao Bento liegt der gleichnamige Bahnhof. Er hat eine schöne Eingangshalle. Dort kann man an den Wänden die Geschichte Portugals in blauen Kacheln betrachten. Betrachten ist das richtige Wort. Auf Ausstellungstafeln erfährt man etwas über die Baugeschichte. Geht man abends am Bahnhof vorbei, zum Beispiel zur Rua des Flores, ist diese wunderschön beleuchtet. Nicht weit in Richtung Brücke sollte man die Kirche Santa Clara besuchen (links in die Rua Saravia de Cary bis zum kleinen Platz rechts). Am Ende des Platzes befindet sich ein unscheinbares Tor, das direkt zum Eingang führt. Die Kirche ist nur morgens und nachmittags für ein paar Stunden geöffnet, also vorher erkundigen. Innen ist alles, aber auch alles vergoldet, prächtig. Wir hatten, gegen Spende, eine private Führung in Englisch

Die Kirche gehört zu einem großen Klosterkomplex, der heute anders genutzt wird u.a. von der Polizei. Nach so viel Sakralem zum Profanen - zur Brücke Dom Luis I. Von der oberen Brücke hat man einen grandiosen Blick auf den Fluss und die Stadt und kann sich überlegen, wohin es einen zieht.

Von der Kirche Caramilitas über den Jardim de Cordoaria zum Cais de Ribeira

Entweder mit dem Bähnle 22 oder zu Fuß zur Kirche, erkennbar an der gekachelten Außenwand. Wir platzten in die Eucharistiefeier, benahmen uns aber.

Im Kloster waren wir nicht, dafür sind wir durch das Studentenviertel und den Jardim de Cordoaria gelaufen. Im Park stehen lustige Skulpturen (von feiernden Studenten). Immer bergab, vorbei an Kindersärgen im Schaufenster und Marionetten zum Mercator Ferreia Borges und dem Palacio da Bolsa (dort steht das Denkmal von Heinrich dem Seefahrer) zur Endstation Infante der Linie 1. Nun haben wir doch das Bähnle (Electrofico) genommen.

Mit dem Bähnle zur Douromündung

Wollen Sie sehen, wo der Douro in den Atlantik mündet? Ja, dann nehmen Sie das "Bähnle" der Linie 1 am "Infante" und fahren bis zur Endstation "Passeio Alegre". Für die Rundfahrt zahlt man 6 € beim Straßenbahner in einem Wagen aus den 20er Jahren. Es geht immer rumpelnd und klingelnd am Douro entlang. Schließlich erreicht man den großen Park. Und von dort sieht man schon die Mündung mit dem Leuchtturm. Eigentlich kann man bis dahin laufen. War aber alles gesperrt wegen der hohen Wellen, richtig hohe Brecher und sehr starker Wind. Im Park gibt es ein Café. Aber irgendwie hat der Kaffee nicht geschmeckt, aber die Patisserie war gut. Probieren Sie es mal aus, vielleicht ist das Wetter besser, dann liegen die Senioren am Stand und die Jogger rennen an Ihnen vorbei.

Mini-Bootstour auf dem Douro

Wenn Sie in der Neustadt wohnen, nehmen Sie den Bus Nr. 900, der Sie zum Cais de Gaia bringt, direkt an der Unterbrücke. Und wenn es ein schöner Tag ist, machen Sie eine Mini-Bootstour. Schauen Sie sich um, die gibt es schon für 12 €, für eine 50-minütige Fahrt durch 6 Brücken, 5 Brücken stromaufwärts und eine stromabwärts. Man bekommt einen Kopfhörer und wählt die deutsche Sprache. Dann hört man etwas über Porto, das links und rechts vorbeizieht. Die Boote sind den Weintransportschiffen nachempfunden, nur viel größer. Auf der großen Schiffen kann man eine zweieinhalbstündige Tour machen oder einen ganzen Tag. Aber man sollte sich vorher erkundigen, worauf man sich einlässt. Für den ersten Eindruck war es jedenfalls eine schöne Tour. Das nächste Mal machen wir eine Kreuzfahrt auf dem Douro, die gibt es von 800 € bis 2.500 € Da muss man auch mal gucken.

Nicht nur für Harry-Potter-Fans

Der Buchladen Lello ist schon eine Kuriosität. Da muss man 5 € Eintritt zahlen. Wenn man etwas kauft, wird das angerechnet. Also erst mal um die Ecke und das Billet kaufen. Gut, dann ist man auch gleich in der Cafeteria. Dann wiederraus und rein in den wirklich tollen Buchladen. Das Ticket wird gescannt. Hier treffen sich wohl alle Harry-Potter-Freunde. Und das sind viele. Der Laden lebt von der schönen Treppe zur Galerie und dem bunten Oberlicht. Schön ist auch, dass die Bücher auf der Galerie mit der Gesichtsmaske des jeweiligen Autors angestrahlt werden. Und man kann gemütlich sitzen, das ist das Beste. Wenn man nichts gekauft hat, bekommt man am Ausgang trotzdem zwei Broschüren. Ob man dafür extra kommen soll?

Wo auch Handwerker Touristenmenüs essen

Fährt man mit der Metro über den Punto Dom Luis (Obere Brücke) und schaut flussabwärts, liegt rechts die Altstadt (Porto) und links die Neustadt (Gaia) vor einem, jeweils an den Hängen des Douro. Den Cais da Ribereia erreicht man, wenn man von der Kathedrale durch die Gassen hinuntergeht, Am Cais ist immer viel los. Die Cafés sind voll und man kann sich unterhalten (Englisch ist angesagt, nicht Deutsch oder Spanisch). Wenn es einen auf die andere Seite (Cais de Gaia) zieht, nimmt man das Wassertaxi, spricht Fähre (3 €), wenn man wieder hoch in die Altstadt (Sao Bento) will, dann die Standseilbahn gleich

hinter der oberen Brücke. Mittag- oder Abendessen nicht in den überteuerten Lokalen am Cais einnehmen. Gehen Sie in die Parallelstraße zum Cais. Dort gibt es ein Touristenmenü für 10 €, das auch den Einheimischen schmeckt. Gönnen Sie sich zum Nachtisch eine Portion

Flan. Schlendern Sie danach noch ein wenig, es lohnt sich.

Eine stilvolle Audioführung mit kleiner Portweinprobe

Zu Portos ältester Weinkellerei Taylor's muss man von der Cais de Gaia aus die Rua do Choupelo hochlaufen. Ist alles ausgeschildert, aber es sind doch ein paar 100 m. Für 15 € gibt es einen Audioguide und am Ende zwei Kostproben im gediegenen Ambiente. Es wird viel Werbung für Portweine gemacht, die sich nur Liebhaber leisten können. Aber der Rundgang durch die Keller ist

beeindruckend und man erfährt anhand von Schautafeln, wie Port entsteht, die Familiengeschichte von Taylor und Co. und die Farbenlehre der einzelnen Ports. Die beiden Port-Proben waren wirklich sehr lecker. Zum Mittagessen ins Restaurant (Mittagsmenü 48 €) wollten wir dann doch nicht. Aber wir haben vor, das nächste Mal dort schick zu Abend zu essen, das wäre viel besser als die Besichtigung. Allein schon wegen der Aussicht.

Zum Mittagessen geht man am besten die Rua, Vorsicht, die alten Weinkeller werden umgebaut, runder zum Cais und bedient sich in der Markthalle gleich nebenan.

Wo das Riesenrad steht, geht's los

Um es gleich vorweg zu nehmen, wir sind nicht mit der Seilbahn gefahren, aber das machen wir beim nächsten Mal. Es ist sehr bequem damit nach oben zu kommen, um zum Beispiel das Kloster Serra do Pilar zu besuchen oder über die obere Brücke in die Altstadt zu gehen.

Bleiben wir also am Cais de Gaia und spazieren von der alten Werft aus in Richtung Brücke. Wir kommen an den Kreuzfahrtschiffen, dann die für den Tagesausflug und den Booten für die 6-Brücken-Fahrt vorbei. Wenn wir nicht in einen der Weinkeller wollen, gehen wir in die große Markthalle mit ihrem riesigen Angebot an Speisen und Getränken. In der Mitte ist der Bierbrunnen, wo man die verschiedenen Biere zapfen kann. Einfach mal probieren!

Es gibt das volle Sushi-Programm und danach etwas Chinesisches

Na ja, wir waren in der Nähe unseres Hotels (ClipHotel) und hatten keine große Lust, in die Stadt, also nach Porto, zum Essen zu fahren. In die Fressmeile des Kaufhauses (El Cortes Ingles) wollten wir auch nicht. Gleich gegenüber der Metrostation und dem Kaufhaus in der Seitenstraße fanden wir ein chinesisches Restaurant, ordentlich und mit Buffet. Es gab eine tolle Auswahl an Sushi und viel weniger chinesisches Essen zum Zusammenstellen. Zum Nachtisch gab es

Melonenstücke und Litschis. Alles für knapp 10 € pro Person. Die Getränke wurden serviert (kleine oder große Flasche Wein ab 3 €). Es saßen viele Einheimische mit Kindern im Restaurant oder holten sich eine Portion zum Mitnehmen für 5 €. Die Auswahl war gut und die Qualität stimmte. Einfach mal hingehen.

Wie war unsere Reise nach Porto?

Abgesehen vom Preis-Leistungs-Verhältnis, da haben wir mit Ryanair Holiday den Vogel abgeschossen, dieser Städtekurztrip war einfach super, auch Anfang November. Das Hotel lag zwar nicht in Porto selbst, aber man war mit der Straßenbahn in 4 Stationen mitten in der Altstadt. Die Möglichkeiten, sich etwas anzuschauen, gut zu essen oder einfach nur mit Fremden in einem Café am Cais da Riberia zu plaudern, sind extrem vielfältig. Ich erinnere mich gerne an ein Gespräch mit Einheimischen auf Englisch. Besucher aus den USA hörten das und kamen dazu. Es wurde ein netter Abend. Nun, Porto hat uns so gut gefallen, dass wir für nächstes Jahr eine Kreuzfahrt auf dem Douro gebucht haben.

***

Porto und das Dourotal, Salamanca nicht vergessen

Wir haben früh gebucht und 100 Euro pro Person gespart. Und wofür? Für eine Kreuzfahrt auf dem Douro. Das war ein super Angebot und das hatten wir uns vorgenommen, seitdem vorher schon mal in Porto waren, wo es uns so gut gefallen hat. Anfang November, dachten wir, kann es in Portugal noch nicht so kalt sein, und das Wetter gab uns recht.

Die Reederei ist die Nicko Cuises Schiffsreisen GmbH und nicht die einzige auf dem Fluss. Nach dem Motto von Aldous Huxley „Reisen bedeutet, herauszufinden, dass alle sich in ihren Vorstellungen von anderen Ländern irren" betreibt die Reederei ihr Geschäft. Wir wollten herausfinden, ob das stimmt.

Aber auch die Anreise kann spannend sein. Unser Flug nach Porto ging von Frankfurt aus, ausgerechnet an diesem Tag streikte die Lufthansa. Unverzagt fuhren wir hin, wollten sehen, was sich machen lässt. Um es vorweg zu nehmen, es ging alles gut. Die freundliche Dame buchte uns einen Flug mit einer anderen Airline nach Genf und von dort mit der portugiesischen Airline TAP zum gewünschten Ziel. Dazu gab es noch einen Gutschein für ein Frühstück zu zweit. Endlich angekommen, freuten wir uns über das Upgrading der Reederei. Eine schöne Kabine mittschiffs, nicht ganz so weit achtern. Nun aber zum Reisebericht, Tag für Tag.

Porto, Portugal, den 07.11.2019

Mit der Seilbahn zum Kreuzfahrtschiff

Wenn man in Porto zum Kreuzfahrtschiff will (inklusive Koffer und so), ist der Teleférico de Gaia die beste Wahl. An der Talstation fällt man buchstäblich ins Schiff. Also mit der Metro vom Flughafen kommend (gelbe Linie) steigt man am Jardim de Mores (Haltestelle *Mohrengarten*) aus, zahlt 6 € für die einfache Fahrt (9 € mit Rückfahrt) und hat 600 m Open-Air-Blick auf Porto, auf die Brücke oder auf die Dächer der unzähligen Weinkeller am Hang. Aber Vorsicht, wenn man vor 10 Uhr vom Schiff zur Metro und dann zum Flughafen muss. Dann muss man ein Taxi nehmen (mit Trinkgeld ca. 10 €). Also nur die Hinfahrt nehmen und die Aussicht genießen.

Porto, Portugal, den 08.11.2019

Die "Blumenstraße" zum Bummeln - morgens und abends

Eine Stadtrundfahrt war angesagt. Sie führte vom Kreuzfahrtschiff am Gaia-Kai über die Brücke (mit viel Stau und alles noch etwas im Nebel) zur großen Kathedrale Sé. Dort hatten wir Auslauf. Da wir die große Kirche ja schon kannten, spazierten wir über einen kleinen Markt zur Rua das Flores gegenüber dem Bento-Bahnhof. Es war noch nicht viel los, die Geschäfte wurden gerade beliefert. Die Auslagen waren vielfältig: Sardinenbüchsen, Portwein, Kinderkleidung etc. Gott sei Dank hatte schon ein Café geöffnet. Dort wurden zuerst die berühmten Pasteis de Nata gekauft und verzehrt. Dann ging es weiter zur Kirche Igreja da Misericordis mit ihrer pompösen Fassade (Rokoko / Barock).

In der Rua das Flores geht abends die Post ab. All die netten Bars und Cafés - da muss man einfach hin.

Ich habe Fotos gemacht: Über die Ponte Dom Luis I mit Blick auf den Cais und Praca da Riberia, Rundblick auf den Cais de Gaia (rechts neben dem Riesenrad liegen die Kreuzfahrtschiffe), dann wider rechts der Bento-Bahnhof, links davor die Rua dos Flores (davor ein kleiner Markt, hier mit Meeresprodukten). Café mit Einkaufsmöglichkeit (Pasteis do Nata), noch mehr Einkaufsmöglichkeiter und ein Café für Ausländer.

Turm mit Gegenverkehr

Die Reiseleiterin hat uns gewarnt, viele Stufen und alle mit Gegenverkehr. Die Turmbesteigung kostet 5 €. Dafür bekommt man eine Besichtigung der anschließenden Kirche Igreja dos Clerigos von der Galerie aus, Einblicke in das kleine Museum für Kirchengewänder und den fantastischen Blick über Porto aus 68 m Höhe. Sehr schön ist die Schlage vor der gotischen Buchhandlung Lello & Irmao auszumachen. Außer mir ist niemand aus unserem Bus dort hinaufgestiegen. Der Campanile diente früher als Leuchtturm. Der Blick schweift auf den Douro mit Nova Gaia, dann in Richtung Dourotal, flussabwärts geht der Blick bis zum Atlantik. Wieder unten, ein portugiesischer Imbiss gefällig, zu finden gleich neben dem Turm.

Einer von vielen Weinkellern, wenn auch ein berühmter

Das Gute ist, dass wir nicht weit zur Kellerei laufen muss. Auch die Information ist gut, ansonsten ein ganz normaler Weinkeller mit großen Fässern. Die beiden Portweine, die wir zum Probieren bekommen haben, waren nicht die besten, aber von guter Qualität. Mein Tipp, zu Taylor's gehen. Dort bekommt man für 15 € Eintritt eine Audioführung, viel Atmosphäre und eine anspruchsvolle Verkostung. Allerdings muss man ziemlich hoch laufen. Dafür blickt man über

Porto und kann im Restaurant zu Mittag oder zu Abend essen, aber nicht für den kleinen Euro.

Am Nachmittag ging dann die Kreuzfahrt los, nicht ohne vorher an der Sicherheits-übung teilzunehmen: „Bitte begeben Sie sich vor der Übung in Ihre Kabinen und

warten Sie dort auf das Alarmsignal und die anschließenden Durchsagen. Beim Anlegen der Rettungswesten bitte auf Brillen, Hörgeräte und Schmuck achten... Sicherheitseinweisung im Salon".

Dann legte das Schiff ab und fuhr nach Bitetos.

Entre-Os-Rios/Bitetos - Régua, Portugal, den 09.11.2019

Die Schleuse von Carrapatelo

Die Schleuse von Carrapatelo ist eine der größten (oder tiefsten) der fünf Schleusen auf dem Douro. Mit einem Hub von 35 m dauert der Vorgang ca. 12 min. Alles auf dem Sonnendeck wird für die Durchfahrt umgelegt. Die Passagiere müssen für die folgende Brücke sitzen bleiben. Manche sind schon vom Stuhl gerutscht, weil es so knapp war. In der Schleuse ist es wie in einem tiefen Loch. Oberhalb ist ein Stausee. Der Barragem do Carrapatelo ist also nicht nur verkehrstechnisch, sondern auch energie- und wasserwirtschaftlich interessant. Doch das interessiert die Wassertouristen weniger.

Ausflüge bei Regua

Wir sind etwa in der geographischen Mitte des Dourotals angekommen und Ausflüge zu den Sehenswürdigkeiten standen auf dem Programm. Ausgangspunkt ist die Anlegestelle gegenüber der Stadt Regua. Wir fuhren durch die Weinberge und blickten hinunter ins Tal auf den Staudamm mit de-

Schleuse und dem Wasserkraftwerk. Nach dem Ausflug kehrten wir zum Schiff zurück, das nun am Kai von Regua liegt.

Nach dem Abendessen wurde eine Flasche Vintage Portwein geöffnet, indem man den Flaschenhals mit einer speziellen heißen Zange erwärmten und mit kaltem Wasser abschreckte. Das Glas zerbrach rundum gleichmäßig. So hat man den Korken von der Flasche getrennt. Die Verkostung war nicht umsonst, aber dieser Port war etwas Besonderes. Es wurde der Folkloreabend, es wurde gespielt, gesungen und getanzt. Auch Fado durfte nicht fehlen.

613 Stufen bis zum Heiligtum Unserer Lieben Frau der Erlösung

Man muss nicht die 613 Stufen zur Wallfahrtskirche Nossa Senhora dos Remedios hinaufsteigen. Der Bus fährt auch nach oben und man kann sich bequem unten abholen lassen. Die Terrassentreppe hat Stationen mit schönen Kachelbildern. Oben ist die Aussicht wunderschön. Mir haben die chinesischen Figurengruppen am Eingang der Treppe gefallen. In der Kirche selbst fällt die himmelblaue Deckenbemalung auf und auch die eigenartige Atmosphäre.

Am Ende der Allee, die zur Kirchentreppe führt, befindet sich links ein Museum und rechts die Kathedrale. In das Museum sind wir nicht gegangen, wohl aber in die Kathedrale. Der Kreuzgang ist sehenswert.

In einem Straßencafé haben wir auf unsere Museumsbesucher gewartet und für wenig Geld etwas gegessen. Die Einheimischen saßen die ganze Zeit vor leeren Gläsern. Das bisschen Geld hatten sie wohl nicht. Ob die liebe Frau da Abhilfe schaffen kann?

Régua (Mateus) - Pinhäo - Barca D'Alva, Portugal, den 10.11.2019

Ein Palast wie ein Traum, der Garten auch

Ein Palast wie ein Traum, wenn auch ein kleiner. Es gab eine Führung von Sonja, einer echt köllschen Mädscher. Jetzt ist sie Portugiesin. Sie hat die Führung super gemacht.

Der Garten ist sehr groß und sehr schön. Bemerkenswert ist die riesige Zeder aus Louisiana. Das war ein schöner Vormittagsausflug. Übrigens ist der Mateuspalast auf den Etiketten des bekannten Roséweins Mateus abgebildet.

Die schönen Kacheln anschauen und dann zum Abendessen in die Quinta Avessada

Wegen der schönen Kachelbilder muss man nicht unbedingt von Porto nach Pinhao fahren. Aber wenn man schon mal da ist, sollte man sie sich ansehen. Sie zeigen die Geschichte des Weinbaus.

Anschließend fuhren wir zur Quinta Avessada, einem prominenten Weingut. Es gab eine Führung durch das kleine Museum. Es ging um die Herstellung von

Muskatellerwein und Portwein. Der Muskatellerwein deshalb, weil ab 500 m Höhe kein Portwein mehr hergestellt werden darf. Anschließend Folkloremusik und danach ein regionaltypisches Abendessen. Dazwischen eine launige Einführung in die Weinprobe durch den Patron selbst. Mit ihm wird das Weingut in der 6. Generation geführt. Es gab schlechte Zeiten (Reblaus), aber die damalige Chefin hat sich und ihre Leute über die Runden gebracht. So durfte beim Abendessen die Suppe nicht fehlen, die es damals mit allem Möglichen gab. Nach einer herzlichen Verabschiedung ging es in Schlangenlinien zurück zum Schiff. Ein interessanter Abend.

Barca D'Alva, Portugal - Salamenca, Spanien, den 11.11.2019

Die Plaza Mayor - das Herz Salamancas

Die Plaza Mayor ist das Herz Salamancas und Treffpunkt zugleich. Er liegt zwischen den Einkaufsstraßen Toro und Rua Mayor, die mit anderen Einkaufsstraßen vergleichbar sind. Also nichts Besonderes. Was die Plaza Mayor von vielen anderen Plätzen in Spanien unterscheidet, sind die Medaillons an den vier Seiten und die Balkone an den Seiten und vor dem Rathaus. Auf den Medaillons sind berühmte Spanier zu sehen, zum Beispiel der spanische Nationaldichter Cervantes, nur das Medaillon von Diktator Franco wurde entfernt. Die Balkone dienen / dienten dazu, das Geschehen auf dem Platz zu beobachten: heute die wichtigsten Ereignisse aller Art, früher Stierkämpfe, Prozessionen, Hinrichtungen. Die Besitzer machten gute Geschäfte.

Zum Plaza Mayor von Salamanca kamen wir mit dem Bus von Barca d'Alva, Portugal. Knapp 2 Autostunden von Salamanca entfernt und gerade rechtzeitig zum Mittagessen. Dieses war mit Paella und Flamenco gelinde gesagt untypisch. Knödel und Schuhplattler gehören auch nicht nach Hamburg. Aber - das Angebot in den Lebensmittelgeschäften ist authentisch regional. Zum Beispiel Pata Negra vom schwarzen Schwein.

Salamancas berühmtester Palast - das Muschelhaus

Wenn man von der Plaza Mayor kommt, fällt einem auf halbem Weg zu der Kathedralen die Casa de las Conchas mit den unzähligen Muscheln an der Außenwänden auf. Genauer gesagt sind es über 300. Don Rodrigo Arias Maldonado war Ritter des Ordens von Santiago und so kommt einem die Pilgermuscheln in den Sinn. Aber warum so viele? Vielleicht als Liebesbeweis an

seine Frau Doña Maria, die eine Muschel in ihrem Wappen führte. Diese Geschichte macht das Gebäude aus dem 15. Jahrhundert noch interessanter.

Die 1218 von Alfons IX. gegründete "Allgemeine Schule des Königreichs

Warum studiert man in Salamanca? Nicht nur weil es 800 Meter über dem Meeresspiegel liegt, sondern weil hier Hochspanisch gesprochen und gelehrt wird. Auch, weil man sonst in Kastilien studieren musste. Alfons IX. wollte das nicht und so war das Studium kostenlos, nur für Essen und Trinken mussten die Studierenden selbst sorgen.

Als Touristen bewundern wir die Fassade der Escuelas Mayores der Universität von Salamanca. Ganz oben der segnende Papst, in der Mitte das Staatswappen (links der habsburgische Doppeladler), darunter das Königspaar und auf der rechten Säule, etwas in der Mitte unter den Simmsen, 3 Totenköpfe. Auf dem linken sitzt ein Frosch, einen solchen mussten die Studenten mit der Hand fangen, um die Prüfung zu bestehen. Interessant ist auch der Kreuzgang, in dem die Vorlesungen stattfanden. Nach bestandener Prüfung musste der Absolvent einen Stierkampf spenden. Mit dem Blut der Tiere wurden die Namen an die Wände geschrieben. Die Erklärungen unseres Führers waren ausgezeichnet.

Die große Kathedrale und der kleine Astronaut

Am Hauptportal der „neuen" Kathedrale wurden die Ornamente erneuert. Auf der linken Seite in 2 m Höhe hat sich der Künstler die Freiheit genommen, einen kleinen Astronauten einzumeißeln. Man geht eben mit der Zeit. Die neue

Kathedrale ist 5-schiffig, gebaut für Tausende von Gläubigen. Alles ist riesig und kommt der Kathedrale von Sevilla sehr nahe. Die Kathedrale ist im gotischen Stil erbaut, mit Elementen aus der Renaissance bis hin zum Barock. Wenn man durch die Kathedrale hindurchgeht, kommt man in die alte gleich nebenan. Diese ist im romanischen Stil gehalten und wird im Gegensatz zur neuen als Gotteshaus genutzt. Hier friert man nicht so. Der Chor ist schön, wenn nicht gar vergoldet. Die Türme, Ieronimus genannt, der alten Kathedrale haben wir nicht bestiegen. Von dort hätte man einen majestätischen Blick über die ganze Stadt. Das machen wir beim nächsten Besuch. Salamanca ist so geschichtsträchtig.

Barca D'Alva - Pinhao, Portugal, den 12.11.2019

Ein kleines historisches portugiesisches Dorf - Castelo Rodrigo

Wir waren in der angesagten Kirche. Bemerkenswert ist die Statue von Santiago, der „die Mauren tötete", und die Jakobsmuschel auf der Kanzel. Im Ort gibt es noch einen Schandpfahl, arabische Inschriften, maurische Fenster an der alten Synagoge. In der Teestube gibt es Mandellikör und leckeren Kuchen. Beliebt sind die Handtaschen aus Kork. Man sollte eine mitnehmen. Das Dorf liegt auf einem Hügel und ist von einer Stadtmauer umgeben. Vom nahe gelegenen Antennenberg kann man das Dorf gut in der Landschaft erkennen. Der segnende Christus weist den Weg. Ein schöner und interessanter Ausflug südlich des Douro und nahe der spanischen Grenze.

Pinhao - Porto - Vila Nova de Gaia, Portugal, den 13.11.2019

Anlegen und auf der Einkaufsstraße Santa Catarina zum Café Majestic und zur Törtchenfabrik

Ende der Kreuzfahrt, der Nachmittag zur freien Verfügung. Wohin jetzt? Natürlich in die berühmte Einkaufsstraße Santa Catarina: den Quai Gaia entlang bis zur Brücke, unten rüber nach Porto, Standseilbahn für 2,50 €, am Ausgang die Rua Augusto Rosa entlang (Haltestelle der historischen Straßenbahn), leichte Linkskurve, dann sieht man die gekachelte Kirche Sto. Indefonso, über die Straße ist man schon in der Einkaufsmeile. Gleich rechts am Anfang ist das Café Majestic, schickes Kaffeehaus mit Warteschlange.

Wollten wir nicht rein und sind weiter zur Törtchenfabrik "Fabrica Nata" links. 2 x Espresso + Portwein + Törtchen (Pasteis do Nata) in Selbstbedienung zum kleinen Preis. Im ersten Stock kann man alles verzehren, ist auch ede eingerichtet. Gegenüber dem Laden befindet sich ein Einkaufszentrum. An dessen Fassade laufen die Menschen senkrecht, also quer, sind aber nicht echt Weiter oben noch eine Kachelkirche, die Capela das Almas. Aber so weit sind wir gar nicht, sind gemütlich zum Schiff über den Bento-Bahnhof, die Rua de Mouzinho, am Quai da Ribeira emtlang gegangen. Dann wieder über die Brücke in die Markthalle auf ein Bierchen Super Bock Stout (auch super lecker).

Was haben wir entdeckt?

Kommen wir auf das eingangs erwähnte Motto von Nicko Cruises zurück, dass sich jeder täuscht, was er über andere Länder erfährt. Das können wir nicht bestätigen, nicht bei dieser Flusskreuzfahrt. Wir haben nur Gutes gehört und selbst erlebt. Wir würden die Kreuzfahrt, auch Anfang November weiterempfehlen. Dazu gehört auch der Besuch in Salamanca. Das war sehr bereichernd. Es waren die kleinen Schönheiten: die schönen Gebäude und Gärten, die Landschaft am Fluss, die Sache mit dem Wein. Es hat uns gefallen.

***

Kleine Ausflüge - Teil 1

Warum immer auf große Fahrt gehen, im Umkreis von 2 bis 3 Stunden Fahrzeit, je nachdem ob mit dem Auto oder der Bahn, an einem oder zwei Tagen gibt es Interessantes zu erleben. Nicht nur das, man kann es auch mit einem Besuch bei Freunden verbinden oder eine besondere Ausstellung winkt. Die neu entstandene Altstadt in Frankfurt am Main, die Autostadt in Wolfsburg und drei Orte im Ruhrgebiet: Oberhausen, Essen und Duisburg, wo Schätze der Industrie und der Schifffahrt zu sehen sind.

Die neue Altstadt von Frankfurt ist sehenswert, Führungen gibt es auch auf Deutsch oder man geht so

Um es gleich vorweg zu nehmen, wir haben keine Führung mitgemacht, sondern uns informiert und die entsprechende Fernsehsendung angeschaut. Es war alles sehr schön, richtig süß. Leider war das Wetter miserabel. Wir haben uns dann im nahegelegenen Dom aufgewärmt. Und wenn man schon mal da ist, gibt es ja noch den Römer und diverse Museen zu besichtigen. Vor allem sollte man sich die archäologischen Reste der Kaiserpfalz anschauen, jetzt überdacht und mit schönen Displays versehen. Da lernt man noch was dazu.

Auch für den, der sein neues Auto nicht abholen will

Klar - wer seinen Neuwagen (ein Modell aus dem VW-Konzern) abholen will, besucht wahrscheinlich auch die Autostadt. Der ICE-Bahnhof liegt vor der Tür und mit der DB kommt man für ein paar Euro hin. Ich habe vom Mittelrhein bis dorthin gut 60 € round trip bezahlt. Bin morgens losgefahren, war mittags da (nach gut viereinhalb Stunden), hatte den Nachmittag und Abend zur freier Verfügung (in Wolfsburg ist nicht viel los), habe übernachtet (Innside by Meliá Wolfsburg) und bin um 8 Uhr in den ICE gestiegen.

Was ist sehenswert? Eigentlich das ganze Gelände, einschließlich des kleiner Hafens vor dem bekannten Kraftwerk, dann besonders das Zeithaus (02) mit den wunderbaren historischen Autos, die Lamborghini-Show (06), das Kundencenter (13), die Turmfahrt (ich war angeblich zu spät).

Ansonsten kann man ziemlich teuer essen und trinken, die neuen Modelle des VW-Konzerns "erklimmen" (bei Porsche ist immer was los), die Kinder haben viel zu tun und können die kleinen Roboterwagen ärgern (die fahren das neue Nummernschild zur Abfertigung) und eine Bootstour auf dem Mittellandkanal machen. Ich hätte auch gerne eine Werksführung gemacht, aber die Mitarbeiter hatten Urlaub.

Also einfach mal hinfahren oder auf dem Weg in die Hauptstadt einen Zwischenstopp einlegen. Von Wolfsburg ist man in 50 Minuten in Berlin-Spandau.

Das Binnenschifffahrtsmuseum - was für drinnen und draußen

Wer mit öffentlichen Verkehrsmitteln anreisen will, muss ein Stück laufen oder den richtigen Bus erwischen. Am besten nimmt man die Straßenbahn 901. Sie befindet sich am Ende des Duisburger Hauptbahnhofs. Sie fährt auch sonntags alle 20 Minuten. So viel zur An- und Abreise, mit dem Auto hilft das Navi.

Wir haben erst das Museum und dann die Museumsschiffe besucht. Dazwischen haben wir im Biergarten Mühlenweide zu Mittag gegessen. Zünftig: Currywurst mit Pommes rot/weiß zum kleinen Preis (5,40 €). Reichlich und gut gemacht, wie es sich für das Ruhrgebiet gehört.

Das Museum ist in einer ehemaligen Badeanstalt mit ehemals zwei Schwimmhallen untergebracht, nur geschwommen wird hier nichts, aber alles

schön ausgestellt, der Frachtsegler mit Seitenschwertern reicht bis zur Decke, im Keller der Taucher darunter, putzig. Die zweite Halle enthält Teile eines Frachtschiffes mit Steuerstand. Hier finden Vorführungen statt.

Zu den Museumsschiffen gelangt man über die Brücke, am Biergarten vorbei ein Stück in den Binnenhafen hinein. Den Schaufelraddampfschlepper sollte man sich unbedingt von innen ansehen. Die Dampfmaschine mit ihren Hoch-, Mittel- und Niederdruckzylindern ist nicht nur für Maschinenbauingenieure beeindruckend.

Und wenn dann noch ein Containerschiff den Binnenhafen verlässt, ist der Ausflug perfekt.

Mit dem Schienenbus zur Zeche Zollverein

Kurz vor 9 Uhr ging es los, mit dem 50 Jahre alten, aber restaurierten MAN-Schienenbus der Rhein-Sieg-Eisenbahn. Mit maximal 80 km/h ging es Richtung Zeche Zollverein, immerhin Weltkulturerbe. Auf Haupt- und Nebengleisen, um schließlich um 11 Uhr mit Rangiergeschwindigkeit den Haltepunkt Zeche Zollverein zu erreichen. Die Eisenbahnfreunde hatten ihren Spaß. Zwischendurch gab es Vollkornbrötchen, lecker belegt und Kaffee oder Tee.

Die anschließende 2-stündige Führung „Von Kohle und Kumpel" informierte über den Betrieb der Anlage. Gefördert und aufbereitet wurde hier vor allem Kokskohle für die Verhüttung. Für die Bergleute - in guten Zeiten waren hier über 6.000 über und unter Tage beschäftigt - eine schmutzige und schwere Arbeit. Beeindruckend ist das bauliche Ensemble mit dem „Doppelbock", dem mächtigen Förderturm. Erbaulich ist auch der herrliche Panoramablick vom Gebäude der Aufbereitung. Das ganze Ruhrgebiet bei strahlendem Sonnenschein.

Zum Mittagessen gab es Currywurst mit Pommes rot/weiß und ein Pils. Das Warten in der Schlange hat sich gelohnt, für die „beste Currywurst westlich vor Wattenscheid", so der Reiseführer.

Im Museum lohnt sich ein Besuch im Rundum-Kino, das Filme aus dem Ruhrpott zeigt. Mit „Glück auf, der Steiger kommt" im Kopf geht es zurück, über der Düsseldorfer Hauptbahnhof wieder in die rheinische Heimat, über Köln nach Bonn. Ein wirklich schöner Tag

Im Luftsack und an der frischen Luft

Der Besuch des Gasometers in der Neuen Mitte Oberhausen hat immer etwas Zweiseitiges, eine Ausstellung drinnen und einen Überblick draußen. Gerade jetzt ist Christos Big Air Package zu bestaunen, besser zu erleben. Man geht durch die Schleuse und alles ist weiß. Irgendwie hat man bald keinen Halt mehr und es wird einem schwindelig. Also raus und die Luftschleuse einmal von außen sehen, horizontal als Rundgang und vertikal vom gläsernen Aufzug aus. In der 10. Etage angekommen, noch 2 Stockwerke die Treppe hoch und schon hat man einen herrlichen Rundblick.

Unten das CentrO, die Emscher und der Rhein-Herne-Kanal, im Westen die Industrielandschaft Richtung Duisburg, im Süden die Richtung Essen, im Oster Dortmund. Was wo im Einzelnen liegt, ist auf Schildern vermerkt. Danach hat man sich ein Bier verdient. Verbunden mit einem kleinen Spaziergang zum CentrO empfehle ich das Brauhaus Zeche Jacobi: Grubengold (Pilsener) ... alle wat für gegen den Durst! Der Spruch stammt nicht von mir.

Mit dem Bus zur Meyer Werft nach Papenburg

Als Kreuzfahrtbegeisterte besuchten meine Frau und ich das Unternehmen in Papenburg. Aus dem Rheinland kommend dauert die Fahrt mit dem Bus knapp

3 Stunden. Die Werft hat ein professionelles Besucherzentrum. Jede Gruppe wird geführt. Es gibt einen Film über die Entstehung der Werft, dann wird in der riesigen Halle gezeigt, wie Segmente gebaut werden und wie das Ganze zusammengebaut wird. Gigantisch. Dann erfährt man, wie die fertigen Schiffe (bis zu 300 m lang) aus der Fertigungshalle in das Vorbecken und über dessen Schleuse in die Ems gelangen. Wir hatten das Glück, dass ein Mega-Liner im Vorhafen lag um über die Ems ins Meer geschleppt zu werden. Es ist schon beeindruckend, wie ein ganzer Wohnblock so im flachen Land liegt.

Nach ca. 2 Stunden hat man Zeit, Papenburg zu erkunden. Am besten macht man das, wenn man vom Parkplatz aus erst links und dann rechts am Hauptkanal entlang spaziert. Vom Kanal aus kann man landestypische Boote bewundern. Wir aßen ein leckeres Fischgericht und gingen anschließend in eine Eisdiele.

Am Abend waren wir wieder zu Hause und wussten nun mehr über die großen Kreuzfahrtschiffe. Außerdem war die Busfahrt plus Eintritt billiger als selbst hinzufahren.

***

Gruppenreise Eastern Triangle

Diese Gruppenreise ist ein Standard für Amerikareisende und erfreut sich nicht nur bei Deutschen großer Beliebtheit. Für mich war es die Gelegenheit, eine Transatlantikkreuzfahrt mit dieser Rundreise zu verbinden, und das Rückflug-Angebot kann sich sehen lassen. Die Route ging von NY-City zu den

Niagarafällen mit einem Abstecher nach Torondo, von dort zur Hauptstadt der U.S.A. und zurück über Philadelphia nach New York. Was ich erlebt habe, habe ich in vier Abschnitte eingeteilt, an einem Ort festgemacht und es einma summarisch U.S.A. genannt.

Stadt New York

Von Boston South Station über New York Penn Station zum Midtown Manhattan Hotel

An der Pennsylvania Station kommt man im wahrsten Sinne des Wortes nicht vorbei, wenn man mit dem Zug von Boston kommend sein Hotel in der Lexington Av. erreichen will. Aber der Reihe nach: Man kauft sich vorher be AMTRAK ein Saver Ticket für 41 € und lässt sich vom Taxifahrer zur Boston Sout-Station bringen (11 $ mit Tipp vom Kreuzfahrthafen). Bitte nicht von der Zielangabe „Newport" täuschen lassen, gemeint ist Newport in Virginia (VA) nicht Newport auf Rode Island (RI). Im Zug gibt es ein Bistro (Frühstücks-Comb:

für $10). Nach genau 4:13 Stunden ist man in der Penn Station angekommen, bequem und immer mit Blick auf den Long Island Sund und schließlich auf die Skyline von NYC. Auf der Hauptebene der Station (dort, wo sich der zentrale Aufenthaltsraum von AMTRAK befindet) gibt es einen Informationsschalter mit hilfsbereiten Menschen. Die fragt man (soweit das Englisch reicht), wie man zur Lex Av. 47th Street kommt. Dort bekommt man einen großen U-Bahn-Plan, auf dem eingezeichnet ist, wo man aussteigen muss. Ich musste die Linie E nehmen. Wer des Lesens mächtig ist, findet dann auch den entsprechenden Einstieg. Vorhe-einen Single Ride (Einzelfahrschein) aus dem Automaten ziehen (3 x 1$ Scheine) und schon kann man durch das Drehkreuz. Den richtigen Zug nehmen und schon ist man als Tiefkühlpackung am Ziel. Das geht doch! Oder?

Ein gutes Hotel in der Mitte, richtig für eine kleine Tour - The Lexington New York City, Autograph Collection

Das Hotel ist gut zu erreichen, u.a. mit der Subway Linie E. Wenn man zum Flughafen will, nimmt man dieselbe bis Jamaica Station, dann weiter mit dem

Air Train und schon ist man am JFK Airport. Das Zimmer war klein, aber nett eingerichtet. Mit Blick auf die Ave. Nur der Ventilator der Klimaanlage war so laut, dass ich ihn ausschalten musste. Super Personal. Nur die Zimmerpreise sind unangemessen, das ist wohl in Midtown Manhattan so. Empfehlenswert ist ein kleiner Spaziergang am frühen Abend Richtung Central Park. Man kommt an Bloomingdale's vorbei, reingehen lohnt sich. Geht dann die 6th Ave wieder nach Süden bis zum Rockefeller Center (neu sind die Paparazzi-Bronzefiguren). Ich habe mir beim angesagten Japaner eine Bento-Box und ein Sapporo-Bier gegönnt. Sind $ 40 zusammengekommen. Zurück über Bryants Park und Grand Central. Wie man sieht, ist das Hotel zentral gelegen.

Wahrlich kein Luxus - The Vanderbilt YMCA

Wahrlich kein Luxus, aber für eine Nacht geht es. Es ist voll und laut und das Personal ist nicht gerade freundlich. Aber die Lage ist gut, man kann auch schlafen, muss aber ins Gemeinschaftsbad und die Klimaanlage gehört ins Museum. Alles für gut 100 $ (für eine Jugendherberge!).

Ja, so ist das in Midtown Manhattan. Die Koffer-Aufbewahrung funktioniert bei Hergabe von 2 $ und der E-Mail-Adresse im

Gepäckscheinautomaten. Es gibt auch zwei Leute, die darauf aufpassen (Concierge).

Bryant Park - Mitten im Leben und doch erholsam

Es ist schon erstaunlich, so mitten im Leben - sprich Midtown Manhattan - ein schönes "Plätzchen" zu finden. Ich war abends dort und habe mir zwei Bier in der Außengastronomie gegönnt. Mit Trinkgeld 10 Dollar das Stück. An den Ausgängen wird darauf geachtet, dass man keine alkoholischen Getränke mit nach draußen nimmt. Man fühlt sich im Park richtig wohl, irgendwo ist immer ein Stuhl frei. Und rundherum das Gefühl von Gostham City, nur Batman fehlt. Dafür gibt es nebenan die Public Library, die Grand-Central-Station und auf dem Platz das Kinderkarussell. Hier könnte ich Stunden verbringen.

Der Anstand gebietet es, den Ground Zero (9/11/2001 - Gedenkstätte) zu besuchen.

Ich habe die Tour alleine gemacht. Ich bin an der Fulton Street Station ausgestiegen und durch das riesige Fulton Center gelaufen. Viele Ebenen, viele Rolltreppen und viele Menschen, klein wie Ameisen darin. Irgendwie bin ich am Monument aufgetaucht. Das Denkmal, bestehend aus zwei sich pyramidenförmig verjüngenden Wasserbecken und Balustraden mit den Namen der Opfer (3.000), hat mich sehr berührt. Zur Erinnerung habe ich mir einen Anstecker gekauft (als Spende). Das Museum habe ich nicht besucht, da ich weiter zum One World Center wollte.

One World Observatory - World Trade Center - Hoch hinaus!

Nach dem Besuch des 9/11 Memorials bietet es sich an, in luftige Höhen aufzusteigen. Da ich noch nie auf dem World Trade Center war und dieses nicht mehr existiert, nutzte ich die Gelegenheit. Oben angekommen wurde ein Tablet zum Ausleihen angeboten, mit dem man mehr Informationen zu den einzelnen Aussichtspunkten bekommen konnte, z.B. Ellis Island und was dort passiert ist. Kostete nach meiner Erinnerung 35 Dollar.

An dem Tag war es diesig und man konnte nicht weit sehen. Das wäre rausgeschmissenes Geld gewesen. Übrigens habe ich für den Eintritt 37 $ bezahlt und musste dafür eine halbe Stunde anstehen. Dafür wird man mit dem derzeit (eingeschränkten) Ausblick belohnt: der Hafen mit Ellis Island und der

Freiheitsstatue, dann im Uhrzeigersinn der Hudson mit New Jersey, die Insel Manhattan und weiter die Brooklyn Bridge mit dem gleichnamigen Stadtteil. Auf der Aussichtsplattform wird auch auf Veranstaltungen hingewiesen, z.B. auf die Steubenparade auf der 5th Ave. Die wollte ich mir anschauen, war aber schon zu spät dran. Schade - und ich habe mich schon gewundert, warum die 5th Ave gesperrt war. Hätte mal fragen sollen.

Kanada

Niagarafälle Niagarafälle - Von roten und blauen Regencapes

Eine Bootsfahrt bis ran an die Wasserfälle, das muss man erlebt haben. Unter den roten Regencapes werden die von der kanadischen Seite nass (Firma Hornblower), unter den blauen die von der amerikanischen Seite (Firma Maic of Mist). Und dann gibt es noch welche, die mit gelben Umhängen die Treppen zum Fluss hinunterklettern (U.S.-Seite). Nachdem das Farbenspiel erklärt ist, nun zum Erlebnis. Die Boote fahren im Kreis an den Wasserfällen entlang, bis alle nass sind. Es bildet sich immer ein Regenbogen über den Fällen, wunderschön. Und es rauscht. Man teilt dieses Vergnügen mit etwa 250 Menschen. Platz ist genug, nicht nur auf dem Oberdeck. Runter vom Boot und schon kommt dder nächste Schwung. So ist das, wenn alle Welt die Niagarafälle sehen will. Oben angekommen, spielte und sang ein Pärchen Countrysongs. Ich spendierte meine letzten 2 Can$, denn davon verstehe ich von Country-Music. Dafür gab es auch eine Ansage für den Mann aus Germany.

Niagarafälle: Skylon Tower - Abendessen auf dem Skytower

Um es gleich vorweg zu nehmen, das Abendessen ist Massenabfertigung, obwohl das Buffet gut und reichhaltig ist. Will man außer Kaffee und/oder Wasser etwas Anderes, bekommt man nichts Adäquates (10 Can$ für einen schlechten Weißwein). Sollte man sich sparen. Nun zum guten Teil. Der Blick auf die beleuchteten Fälle ist fantastisch, die wechselnden Farben, alles ein bisschen wie Las Vegas. Sehr lohnend. Wenn man von der amerikanischen Seite kommt, muss man durch die Immigration, also raus aus dem Bus, anstellen, Pass vorzeigen, wenn gut, wieder rein. Von Kanada aus ist es genauso...

Toronto: CN Tower - überragt alle Wolkenkratzer Torontos, und davon gibt es viele

Für den Überblick ist der Turm auf jeden Fall wichtig. Man hat die Stadt und den Ontariosee unter sich. Dazu trägt auch der Glasboden bei. Genau dort trifft man (zufällig) auf (schwindelfreie) Leute aus Cottbus. Es geht rasant nach oben und man kann sich auch abseilen, was bei 400 m Höhe schon eine Herausforderung ist. Unten angekommen kann man einen Kaffee schlürfen und/oder ein Souvenir kaufen. Ich habe Honigkekse für meine Lieben mitgenommen. Noch ein paar Fotos von den Pop-Tieren und dann raus. Jetzt weiß ich auch, was CN bedeutet: Canadian National (Eisenbahn). Wie ich darauf gekommen bin? Nicht weit vom Turm gibt es Lokschuppen, eine Drehscheibe und ausrangierte (mächtige) Lokomotiven und Züge. Was für schöne Motive!

Toronto: New City Hall - Der Schriftzug "TORONTO" macht's, aber das ist nicht alles

Die New City Hall hat außer der runden und hohen Architektur nicht viel zu bieten. Besser ist das Alte Rathaus rechts daneben, ein schönes, ansehnliches altes Gebäude. Das Beste ist der große Platz dazwischen mit dem riesigen Schriftzug in der Mitte. Auf dem Platz war was los. Eine Arbeitsloseninitiative hielt eine Rede, mit Trommler davor. Ein historisches Feuerwehrauto war als Attraktion da. Und - was ich nicht wusste - unter dem Platz liegt The PATH City Hall, eine unterirdische Einkaufsmeile (ca. 30 km lang). So kann man auch im kanadischen Winter ohne Pulswärmer shoppen gehen. Oberirdisch gibt es zum Mittagessen einen leckeren Hot Dog mit allem Drum und Dran (verschiedene Zutaten, Chips und Pepsi), alles für 'ne kleine Mark (pardon Can$). Man sollte sich auch mal umsehen. Über den Platz zwischen neuem und altem Rathaus, wo die Flaggen der kanadischen Provinzen wehen, kommt man zur Trinity Church Dort findet mittags die Armenspeisung statt. Ich spende und bekomme eine Glasmurmel als Andenken. Ja - so klaffen blendender Wohlstand und Armut auseinander. Und das in einer wohlhabenden Metropole.

Toronto: Hockey Hall of Fame - Die Hockey Hall of Fame und die Allen Lambert Galleria gleich nebenan

Um es kurz zu machen, ich war nicht in der Hall of Fame, nur draußen. Aber auch draußen gibt es viel Eishockey zu sehen. Schöne Fotomotive. Gleich nebenan in der Passage die Allen Lambert Galleria, sehr beeindruckend. Wenn man die verlässt, sieht man Penner auf dem Bürgersteig liegen, weniger beeindruckend.

Washington D.C.

Monuments by Moonlight Night Tour - Und mittendrin erstrahlt das Washington Monument

Wer sie noch nicht gesehen hat, die Monumente, der muss sie sehen. Mittendrin der Obelisk zu Ehren George Washingtons. Sozusagen in der Mitte des Kreuzes. Man schaut hinüber zum Weißen Haus, mal sehen, ob der Präsident noch arbeitet. Wieder geradeaus sieht man das Capitol. Dann weiter mit dem Bus oder zu Fuß zum Weltkriegsdenkmal, eine riesige Anlage mit Wasserbecken und Springbrunnen, zwei Toren, die den Atlantik- und den Pazifikkrieg darstellen. Ein schönes Ensemble, das nicht an einen Krieg erinnert. Weiter geht es zum Martin-Luther-King-Denkmal. Überlebensgroß und mit Aussprüchen des Menschenrechtlers versehen. Über den Potomac River blickt man auf das beleuchtete Denkmal von Thomas Jefferson. Zum Abschluss ging es ins Kennedy Memorial Center for the Performing Art, eigentlich ein riesiges Opernhaus mit angeschlossener Nationalflaggenparade. Und natürlich "Ich-bin-ein-Berliner"-Großfoto vor dem Rathaus Schöneberg. Ein schöner Abend. Danach Essen gehen.

National Mall (The Mall) - Ein großartiger Ort zum Spazierengehen

Machen Sie einen drei Kilometer langen Spaziergang in bequemen Schuhen Start am Abraham-Lincoln-Denkmal. Vorher am Kiosk etwas essen. Im Temple gibt es einen kleinen Buchladen, in den niemand geht. Dort gibt es alles über die amerikanische Geschichte in handlicher Form. Ich habe ein Büchlein über die Schlacht von Gettysburg gekauft und erfuhr später von unserem Führer, dass er noch Feldpostbriefe seiner Vorfahren aus dieser Zeit hat. Man steht auf den Stufen des Tempels, blickt auf den Reflecting Pool und denkt an die berühmte Szene in Forrest Gump. Dahinter befindet sich das Washington Monument und ganz hinten das Capitol. Seitlich links würde man vom Obelisken auf das Weiße Haus blicken. Zuerst besucht man das nahe Vietnamkriegsdenkmal. Dann immer weiter auf den Obelisken zu, schließlich steht man vor dem Kapitol. Allen voran General Ulysses Grand mit gezogener

Artillerie neben sich. Bitte keine Eile, lassen Sie sich Zeit, die Museumsmeile machen Sie am nächsten Tag. Gehen Sie jetzt etwas essen.

National Air and Space Museum - auch die Luft- und Raumfahrt der Deutschen wird gewürdigt

Man muss kein Ingenieur sein, um sich für die Exponate des Museums zu begeistern. Zumal der Eintritt wie in allen Museen frei ist. An den größeren Objekten gibt es Erklärungen, und wer hat schon einmal eine V2 im Original gesehen? Natürlich ist vieles vom Krieg geprägt, aber die Technik begeistert. Für meine kleine Enkelin habe ich im Museumsshop einen orangefarbenen Overall gekauft, wie ihn die Astronauten trugen. Und Gott sei Dank war McDonald's wegen Renovierung geschlossen. Also habe ich mich am Kiosk vor dem Museum (auf der Museumsmeile) gestärkt. Es ist erstaunlich, wie viele

Landsleute man dort trifft. Danach war ich noch in der Nationalgalerie gegenüber, leider war die Zeit zu kurz. Da muss ich das nächste Mal hin, auf jeden Fall!

USA

Niagara Falls State Park - Vor allem abends ist es ruhiger

Abends, wenn die Dämmerung einsetzt, ist es im Park und an den Wasserfällen besonders schön. Vom Marriott Hotel sind es etwa fünf Minuten und man steht vor dem Eingang zum State Park. Immer dem Sonnenuntergang entgegen gehen und schon ist man an den Fällen. Drüben auf der kanadischen Seite fahren die letzten Boote ab. Vor der Sonne die Skyline mit dem Skylon-Tower. Am Wasserfall rauscht es. Neben dem Wasserfall ist eine Promenade. Schön und ruhig ist es hier. Wenn der Hunger kommt, gibt es viele Möglichkeiten, ihn zu stillen. Ich laufe zurück zum riesigen Casino. Ich weiß, dass die Spieler dort immer günstig essen wollen. Es gab riesige leckere Hamburger und ein schönes Fläschchen Bier. Prost.

Amish Country - Weaver's Farm Market

Ich weiß beim besten Willen nicht, wo der Laden ist, irgendwo im Amish County. Der Bus hält und der Reiseführer erzählt etwas über die Amischen, dass sie Pennsylvania Dutch sprechen und keine Autos fahren, sondern einspännige schwarze Kutschen. Auf dem Markt gab es allerlei Reiseandenken, neben Obst und Gemüse. Und nebenan ist eine Bäckerei. Die Frauen pflückten Auberginen auf dem Feld und schwarze Kutschen gab es auch zu sehen. Ein netter Zwischenstopp auf dem Weg nach Washington.

Arlington National Cemetery - Der Soldatenfriedhof ist Teil der amerikanischen Geschichte

Man muss hier nicht hin pilgern, dafür gibt es andere sehenswerte Friedhöfe, zum Beispiel den Montmartre in Paris, den Zentralfriedhof in Wien oder Melaten in Köln. Arlington National Cemetery ist eine riesige Anlage, oben auf dem Hügel das Lee-House, und wenn man nach Washington D.C. hinüberschaut, kommt einem der Obelisken nicht so weit weg vor. Seit dem Bürgerkrieg sind hier viele Menschen begraben. Ich wusste nicht, dass die Frauen der Gefallenen neben ihren Männern begraben werden können. Das Epitaph steht auf der Rückseite des einheitlichen Grabsteins. Ich wusste auch nicht, dass Jaqueline Kennedy Onassis neben ihrem ersten Ehemann begraben wurde. Die Wachablösung am Grab des Unbekannten Soldaten habe ich nicht gesehen. Störend fand ich den Massentourismus und die wohl notwendigen Eingangskontrollen. Sehr schön fand ich die kleine Ausstellung in der Eingangshalle. Sie zeigt das Zeremoniell und einiges aus der amerikanischen Geschichte. Und John F. Kennedy ist hier begraben, weil er als Leutnant auf einem Schnellboot im II. Weltkrieg gedient hatte.

Old Town Alexandria - man soll sogar mit der Metro von Washington D.C. dorthin fahren können

Ich habe eine Bustour in die Altstadt von Alexandria mitgemacht. Die Häuserzeilen sind noch aus der Zeit der Unabhängigkeit. George Washington soll hier in der King Street in die Kirche gegangen sein. Es gibt eine schöne

Hafenanlage mit Raddampfern am Potomac. Ein schöner Ausflug, den man innerstädtisch zu Fuß machen kann oder man setzt sich in den roten kostenlosen Trolley und "erfährt" noch mehr.

Pentagon Memorial - auch hier kann man der Opfer des 11. September gedenken

Am 11. September wurde ein Passagierflugzeug von einem Terroristen in eine Seite des Pentagon gelenkt, es explodierte und riss über 300 Menschen in den Tod. Es wurde eine schlichte Gedenkstätte mit kleinen Denkmälern zwischen Bäumen errichtet. Man sieht auch die renovierte Seite des Verteidigungsministeriums. Die Gedenkstätte darf fotografiert werden, alles andere nicht, auch nicht der Hin- und Rückweg. Ob sich der Weg dorthin lohnt, muss jeder für sich entscheiden.

Philadelphia Museum of Art - Wenn Rocky nicht wäre

Kaum jemand geht in das Museum, denn die Hauptattraktionen sind die Aussicht auf die Innenstadt von Philadelphia, die Rocky-Figur (Denkmal?) neben der großen Treppe und diese selbst. Rocky soll im Film die Treppe hochgerannt sein, um zu trainieren. Ich habe dort viele Nachahmer gesehen. Das ganze Gebäude erinnert sehr an das Alte Museum in Berlin, auch die Skulpturen auf beiden Seiten könnten Abgüsse sein. Im Tympanon, das ist der dreieckige Giebel des Portikus, sind die Figuren bemalt. Ob die Rocky-Fans wissen, dass das in der Antike so war?

Philadelphia Independence National Historical Park - Freiheitsglocke, Unabhängigkeitshalle, Altstadt und Steak mit Käse

Es ist viel los auf dem Gelände. Eigentlich ist es eine schöne Anlage mit Blick auf die Independence Hall, die ausgelagerte Liberty Bell, die kann man durchs Fenster fotografieren und muss nicht stundenlang für ein Foto anstehen. Ein Rundgang durch die Old Town lohnt sich, Benjamin Franklin und seine Häuser, das Haus der Carpenter's Company. Berühmt ist das Steak mit Käse im Diner am Börsengebäude. Reinste Massenabfütterung, inklusive eine Toilette mit Andrang. Tipp, wer aufs Klo "muss", geht ins Tourist Center gegenüber, wer gut essen will, geht in die Market Street rechts. Sie können auch mit der U-Bahn fahren (Independence Hall / 5th Street). Und nehmen Sie sich die Zeit, möglichst viel amerikanische Geschichte zu erkunden.

***

Kleine Ausflüge - Teil 2

Mit den kleinen Ausflügen habe ich geflunkert. Sieht man von den beiden Abstechern quasi vor unserer Haustür ab, nämlich ins Kasbachtal und zu Kommende in Ramerdorf, sind es drei mehrtägige Fahrten entlang der deutschen Tiefebene. Ich beschreibe die Ausflüge, die wir dort gemacht haben, zum Beispiel zum Burgplatz in Braunschweig, zum Museumshafen in Bremerhafen, zum Südwestkirchhof in Stahnsdorf bei Berlin. Wer kennt nicht den Spruch: Denn das Gute liegt so nah, den ich ergänze: Auch in der Ferne gibt es Schönes.

Mit Dampf und Diesel durchs Kasbachtal

Wo sonst am Wochenende der Schienenbus die Wanderer vom Bahnhof Linz am Rhein nach Kalenborn bringt, wurde zum 100-jährigen Jubiläum der Kasbachtalbahn eine Dampflok aus Reichsbahnzeiten eingesetzt. Eine Diesellok half, die 10 km lange Strecke mit 300 Höhenmetern zu überwinden. Die vier Personenwagen waren gut gefüllt und der Rauch stieg einem in die Nase. Oben angekommen, war der Qualm noch größer. Alles wurde fotografiert und die Väter zeigten ihren Sprösslingen, wie eine Dampfmaschine funktioniert.

Talwärts ging's zu Fuß, bis zur Steffensbrauerei schaffte man die gut 6 km in eineinhalb Stunden, durch den herbstlichen Wald, immer am Kasbach entlang, die Gleise in Sicht.

An diesem Tag geht es im Ausschank hoch her, sonst ist es eher ruhig. Das Brauereigelände erinnert von der Bebauung an Oberitalien, es gibt einen historischen Kaufmannsladen und Oldtimer zu besichtigen. Mit vollem Magen bietet sich die Alternative, vom Haltepunkt mit dem Zug weiter nach Linz am Rhein zu fahren oder einen Verdauungsspaziergang durch das Dorf Kasbach entlang der Bahnlinie zum Bahnhof zu machen. Wer im Brauhaus zu kurz gekommen war, konnte sich am Bahnhofskiosk mit frisch gebackenen Reibekuchen stärken. Die

Schlage war lang. Alles in allem ein gelungener Halbtagesausflug.

Kommende Ramerdorf: Von Kreuzrittern, Komturen und Baronen - hier kann man auch essen und schlafen

Hier geht es nicht um das gleichnamige "Schlosshotel", sondern um den Gebäudekomplex, den wir am Tag des Offenen Denkmals besuchten. Wir nahmen an einer Führung teil und hörten Herrn Bartel, dem heutigen Besitzer des Anwesens, zu. Hier wurden Kreuzritter ausgebildet, hier verwaltete der Komtur den Besitz des Deutschen Ordens, hier hatte der Freiherr von Oppenheim seine Sommerresidenz und hier wurde gebaut - im neoklassizistischen Stil. Weinig Altes blieb erhalten, die Kapelle steht heute auf dem Alten Bonner Friedhof und viel "Neues" kam hinzu. Das Ganze hat heute

einen schlossähnlichen Charakter. Rund um den Vorplatz ist "Klein-England" entstanden. Dort gibt es ein Hotel und ein Restaurant, von dessen Terrasse man einen schönen Blick auf Bonn. Wir werden noch einmal hinfahren und uns alles genauer ansehen. Meine Frau und ich finden, es lohnt sich.

Wer nicht in Bonn und Umgebung wohnt, sollte sich über die Anfahrt informieren, denn die Kommende liegt mitten in einem Autobahnkreuz. Parkplätze sind reichlich vorhanden.

Ein Abstecher zum Burgplatz in Braunschweig lohnt sich

Wir sind schon oft auf der A 2 an Braunschweig vorbeigefahren, wollten entweder nach Köln oder nach Berlin. Bei einer Bustour war eine Führung durch die Innenstadt inklusive. Eine tolle Führung, die man aber auch alleine machen kann. Ende der Führung war der Burgplatz mit allem Drum und Dran: Burg (Dankwardsrode) mit original Löwen. Eine Kopie davon steht mitten auf dem Platz. Gegenüber im Landesmuseum (mit guten Toiletten), gibt es eine Statue von Heinrich dem Löwen und eine Atomuhr (wegen der genauen Zeit). Das schöne große Fachwerkhaus ist die Handwerkskammer und natürlich der Braunschweiger Dom. Reingehen lohnt sich wegen des riesigen Leuchters, der einem Lebensbaum nachempfunden ist, der Grabstätte Heinrichs des Löwen und Mathildes von England (immerhin eine Plantagenet) und der Spiralsäulen im Seitenschiff (toll). Nach so viel Kultur braucht man eine Stärkung, gleich um die Ecke bei "Schadts Brauerei" (Höhe 28). Leckeres Bier und Riesen-Currywurst mit Bratkartoffeln.

Bremerhaven

Der Museumshafen im Zentrum

Im Museumshafen ist eigentlich alles versammelt, was das maritime Herz begehrt: Das Deutsche Schifffahrtsmuseum, die Oldtimerflotte, die Anbindung an die Innenstadt, ein großes Einkaufszentrum und noch einiges mehr. Im Einzelnen. Das Schifffahrtsmuseum besucht man am besten, wenn es mal wieder regnet. Ein paar Stunden sollte man schon einplanen. Vorher sollte man sich einen Platz zum Mittagessen in der Bark „Seute Deern" reservieren. Wenn das Essen nicht so üppig ausfällt, kann man sich durch das U-Boot „Wilhelm Bauer" zwängen. Die Mall bietet viele Einkaufsmöglichkeiten, der Cappuccino nimmt im Außencafé einen prominenten Platz ein. Der Fußweg zur Mall führt über eine verglaste Drehbrücke, die den Museumshafen für Schiffe sperrt. Oder man besucht das Deutsche Auswandererhaus oder den Zoo am Meer. Sie alle liegen nördlich des Museumshafens, beide äußerst sehens- und erlebenswert. Oder man spaziert einfach weiter an der Weser entlang. Winddichte Kleidung nicht vergessen.

Das Natusch in Bremerhafen

Das Natusch ist wohl eine Institution, auch wenn es in der Nähe ähnliche gute Restaurants gibt. Bei einem mittäglichen Besuch im Fischereihafen haben wir einen Tisch für den frühen Abend reserviert. Das war auch gut so, denn es war voll. Das Fischgericht war ein Gedicht, der Wein passend empfohlen. Der Service war der Leistung und dem (hohen) Preis angemessen. Ich glaube, Rechnung und Trinkgeld machten 200 Euro aus. Das schöne maritime Ambiente gibt es gratis dazu. Insgesamt ein nicht alltäglicher Restaurantbesuch. Der Blick auf die Homepage von Natusch vermittelt schon einen Eindruck.

Der Seitentrawler "Gera" im Fischereihafen

Der Seitentrawler "Gera" ist ein Fischereifahrzeug, bei dem das Netz über die vordere Steuerbordseite eingeholt wird. Dieser Schiffstyp war lange Zeit vorherrschend, heute gibt es nur noch Hecktrawler. In Bremerhaven hat man es versäumt, einen zu erhalten, so dass dieses Museumsschiff aus der DDR stammt. Seine Geschichte kann man im Internet nachlesen. Die Besichtigung des Seitentrawlers lohnt sich, denn sie gibt einen guten Einblick in das Leben der Fischer an Bord. Es sind nicht die Verhältnisse von vor 50 Jahren, sondern im Prinzip die von vor einem Jahrhundert. Meine Frau und ich haben wieder etwas gelernt. Der niedrige Eintrittspreis regt zum Spenden an.

Südwestkirchhof Stahnsdorf: Ein landschaftlich gestalteter Zentralfriedhof mit vielen mehr oder weniger Prominenten

Wir wohnen im Unteren Mittelrheintal und waren zu Besuch in Berlin. Unser Freund bot uns einen Spaziergang mit Erläuterungen über den Friedhof an, sozusagen auf dem Rückweg ins Rheinland. Außerdem wollten wir das Grab einer lieben, kürzlich Verstorbenen besuchen. Schön, so ein kleiner Grabstein mit Namen und Lebensdaten direkt unter einem Baum.

Nicht weit davon entfernt befindet sich das Ehrengrab von Heinrich Zille, dem "Pinsel-Heinrich". Und hier hatten wir die Verbindung zum zuvor besuchten privaten "Zille-Museum auf der Fischerinsel (Nikolaiviertel). Eine sehenswerte Ausstellung mit Kurzfilm und Reproduktionen des berühmten Zeichners seines

Milljöhs. Zum Schluss noch ein Blick über die Sichtachse zur Kapelle im norwegischen Stil. Das Ganze ist auch ohne Grabbesuch eine tolle Empfehlung.

***

Mit der Familie nach Bilbao

Die Reise nach Bilbao haben ich mit der Familie gemacht. Mit der spanischen Fluggesellschaft Vueling fliegt man unverschämt billig hin, dazu gab es eine nette Familienwohnung. Wir haben uns in der Altstadt rumgetrieben und die Töchter sind in der Neustadt shoppen gegangen. An Sehenswürdigkeiten hat Bilbao einiges zu bieten, so waren wir in drei Museen, unter anderem im berühmten Guggenheim Museum. Mit dem örtlichen Transportunternehmen haben wir einen Ausflug an die Küste gemacht und einen nach San Sebastian. Da waren wir schon fast in Frankreich.

Erst ins Itsasmuseum Museum und dann den Fluss erkunden

Wenn man etwas über Bilbao und seine Geschichte erfahren will, lohnt sich der Besuch auf jeden Fall, denn Bilbaos Geschichte ist eng mit der Ria verbunden. Auch einen Rundgang durch das Trockendock sollte man sich nicht entgehen lassen. Die Schiffe und Boote werden gerade restauriert. Von der Straßenbahnhaltestelle aus sieht man neben der Brücke einen riesigen Kran. Das Museum befindet sich unter der Brücke, sozusagen integriert. So inspiriert nimmt man die Straßenbahn in die Stadt und steigt gegenüber dem Rathaus (Eclecticismo en Bilbao) aus.

Nicht zu übersehen ist die runde Eisenskulptur vor dem Rathaus. Die Anlegestelle für das Ausflugsboot ist zu sehen. Es gibt ein- und zweistündige Touren, die zweistündige geht bis zur Fährbrücke, also fast bis zum Meer. Man kommt am Guggenheim Museum vorbei, dann am Maritim Museum, das wir schon besucht haben. Bemerkenswert ist der große Männertorso und das schöne Art-Deco-Gebäude mit dem großen Leoparden. Dann kommen Werften und Industriegebäude, kleine Vorstadthäuser, und man sieht eine baskische Fahne gehisst. Die Eisenbahn fährt an der Galerie entlang. Alles sehr abwechslungsreich. Eine schöne Ergänzung zum Museumsbesuch.

Hängen lassen - auf der Puente Vizcaya

"Hängen lassen" ist ganz einfach: In die Metro Richtung Meer einsteigen (Station Areeta oder Portugalete), etwa 300 Meter laufen und sich dann an der Hängebrücke über den Fluss tragen lassen, für 70 Cent hin und zurück. Bei Wind und Regen ist das die beste Option. Scheint die Sonne, muss man tiefer in die Tasche greifen. Für 7 Euro wird man persönlich auf 50 Meter Höhe gehoben und (nach dem Klingeln) auch wieder zurück. Oben angekommen gibt es viel zu sehen: Die Fährbrücke von oben, die Schulklasse, die nach oben schaut, das Meer flussabwärts, die Hafenanlagen flussaufwärts. Es ist noch gar nicht so lange her, dass die Fährbrücke von hier oben befahren wurde. So - und jetzt noch ein paar Familienfotos und dann über die schöne Promenade von Getxo zurück nach Bilbao. Abgehangen!

Ohne Guggenheim nur die Hälfte

Was das Museum ausmacht, sind seine Architektur, seine großen Exponate und seine Lage. Das muss man gesehen haben: Die Fischhaut der Gebäude, die Spinne am Fluss, der Kugelturm, die großen Tulpen auf der Terrasse und der riesige Puppy, garniert mit Stiefmütterchen. Innen moderne (Groß-)Kunst. Das muss jeder für sich selbst entscheiden. Die Lage am Fluss und zur Neustadt ist gut gewählt. Nach so viel Museum kann man am Fluss entlang schlendern: zum Shoppen in die Neustadt, oder etwas weiter in die Altstadt, um Pintxos zu essen oder ein Mittagsmenü zu sich zu nehmen. Das Museumscafé ist im Gegensatz zum Museum keine Weltklasse. Wenn Sie mit der Straßenbahn zum Museum fahren, achten Sie auf die Ansage, ich würde nie auf die Idee kommen, dort nur vom Hören her hier auszusteigen.

Wir haben vergessen, in San Sebabastian den Monte zu besteigen

Der Reiseführer empfiehlt den Aufstieg, wir haben uns die Gipfelstatue des Heiligen Sebastian von unten angesehen und die schöne muschelförmige Bucht. Dann schwenkten wir in Richtung Rio Urumea. Haben das alte Rathaus mit angrenzendem Stierkampfplatz (bis 1974) bewundert und sind dann über den feinen Sand der Badebucht neben der Mündung zum Meer gelaufen. Dann die Flusspromenade entlang über die schönen Brücken zurück in die (Neu-)Stadt geschlendert. Viele Fassaden stammen aus der Belle Epoque. Sehr schön und mondän. Übrigens, wer von Bilbao mit dem Bus kommt, ist zumindest zeitlich besser dran: eine gute Stunde mit dem Rad, 2 Stunden mit dem Zug. Vor welchem Bahnhof in Bilbao der Zug abfährt, weiß ich bis heute nicht. Drei Dinge sollte man bei der Anreise mit dem Bus beachten: nicht in die Stadt laufen, das macht der 24er Bus besser, das Rückfahrticket (11 €) bekommt man in einem Laden an der Ecke zur Hauptstraße (am Busbahnhof gibt es keine Tickets), vorher auf die Toilette gehen, die am Busbahnhof ist ungenießbar. Aber - San Sebastian muss man gesehen haben.

La Cucina delle Nonno oder wo die Oma kocht

Tja - mittags gibt es in Spanien ein Tagesmenü für den kleinen Euro (so um die 10 €). Also rein, wo die Oma kocht. Speisekarte schon in spanisch und französisch, schon mal gut. Mittagsmenü mit 3 Gängen, Getränke gehen extra. Der Kellner war flott und ein guter Berater (alles in verständlichem Englisch). Ich hatte Pasta (italienisch), Fisch und Flan (spanisch). Dazu den empfohlenen (leckeren) Rotwein.

Meine Familie war auch zufrieden. Wer sich in der Altstadt von San Sebastian aufhält, findet es bestimmt. Um die Ecke ist die schöne Basilika de Santa Maria und zur Bucht ist es auch nicht weit.

***

Dritter Band

Der dritte Band beginnt mit dem Besuch unserer Tochter in Istanbul. Unter ihrer Führung haben wir viel unternommen: Am Eminönü-Platz haben wir die halbe Türkei erlebt, sind mit dem Ausflugsboot zur Festung Rumeli Hisarı zur Bosporus-Enge gefahren und mit dem öffentlichen Verkehrsmittel über den Bosporus nach Kleinasien. Wir sind zum Grab des Bannerträgers gepilgert, haben nebenan das Cafe' Pierre Lotti besucht und hatten einen schönen Blick auf das Goldene Horn. Der alte Topkapi-Palast war dem letzten Sultan Abdülmecit I. nicht mehr gut genug, er zog 1855 in den neuen, im Stil des Historismus erbauten Dolmabahçe, welcher auch Kemal Atatürk gefiel, uns auch. Weiter ging es in den Untergrund - zur Yerebatan-Zisterne, der versunkenen Palast, dann vom Taksim-Platz über die Istiklal Caddesi zum Galata-Turm. Und ohne die Hagia Sophia ist Istanbul nichts, an der Kirche der göttlichen Weisheit kommt man nicht vorbei. Auch nicht an der Süleyman-Moschee und der etwas abseits gelegenen Chora-Kirche.

Einen Abschnitt in diesem Band habe ich betitelt mit In und um Berlin, in loser zeitlicher Folge wird der Besuch einige sehenswerte Orte beschreiben. Die IGA 2017 entstand auf einem parkähnlichen Gelände in den Berliner Bezirken Marzahn und Hellersdorf. Der Alte Fritz ließ das Invalidenhaus bauen und daneben den Invalidenfriedhof anlegen, nicht weit von unserem Hotel in der Chausseestraße. Dann gibt es etwas über den Wiederaufbau des Berliner Stadtschlosses, dem Humboldtforum. Schließlich wird vom Potsdamer Platz bis zum Brandenburger Tor spaziert.

Ein Teil des Schlossparks Babelsberg und das Schloss selbst sind wieder prächtig hergerichtet, vor allem der Pleasureground, die Springbrunnen und die Fontäne. Das Schloss ist für die Fürst-Pückler-Ausstellung zugänglich.

Es war nicht das erste Mal, dass wir vor Weihnachten in Berlin waren. Aber diesmal hatten wir uns viel vorgenommen, zumal wir den Sonderangeboten der Bahn und des Hotels nicht widerstehen konnten. Es war Zeit für den Besuch der Neue Nationalgalerie, in der einmalig alle Bilder der großen Maler des 20. Jahrhunderts ausgestellt waren. Nebenan in der Matthäuskirche gab es zur Mittagszeit eine Lesung mit Orgelmusik. Traditionell kehrten wir danach bei „Mutter Hoppe" auf der Fischerinsel ein. Zuvor hatten wir noch die neuen Bahnhöfe der U-Bahnlinie 5 inspiziert. Der Bahnhof "Museumsinsel" mit seinem

Sternenhimmel gefiel uns am besten. Am nächsten Morgen war das Humboldtforum an der Reihe. Auch ohne Zeitfenster konnten wir die Ausstellung „Berlin Global" besuchen, die sehr interessant war. Der Höhepunkt unseres Berlinbesuchs war am Abend ein Mandolinenkonzert im Konzerthaus am Gendarmenmarkt. Ein wunderbares Konzert in einem wunderschönen Gebäude, innen und außen. Und davor der schöne Weihnachtsmarkt, aber den hatten wir ja schon letztes Jahr.

Mitte der siebziger Jahre des letzten Jahrhunderts waren Charterboote sehr beliebt. Für einige Reviere brauchte man keinen Bootsführerschein, auch nicht auf dem Shannon. Nach komplizierter Anreise (2 Fähren und das Auto in Reparatur) nahmen wir in Killaloe den Kabinenkreuzer in Empfang. Nach der Einweisung sind wir dann auch sofort los, mit dem Ziel den Lough Derg zu reichen. In Gerrykennedy gab es einen kleinen Hafen und einen Verkaufsladen mit angeschlossenem Pub, gleich hinter der Kühltheke.

Die weitere Flussreise ging über Clonmacnoise, alte Klosteranlage in der Nähe von Shannonbridge, bis nach Athlone. Diese größere Stadt liegt etwa in der Mitte der gesamten Flussfahrt. Dann ging´s wieder zurück. Wir gaben das Boot ungeschädigt ab und es war noch Zeit, Limerick zu besichtigen. Von Limerick ging es wieder mit Bus, Fähre und Zug nach Swansea in Südwales. Dort holten wir beim örtlichen VW-Händler den Käfer mit dem Austauschmotor ab. Kennen Sie fünfzeilige Verse, die einem bestimmten Reimschema (aabba) folgen?

Zwischendurch ein paar kleine Abstecher. Wenn man mal wieder in Bonn ist, dann muss man zum Bundesbüdchen. Alternativ eine romantische Flusskreuzfahrt von Bad Ems nach Oberhof machen, bei schönstem Sommerwetter legte die Lahnstolz in Bad Ems mit uns ab. Auf der A3 Richtung Köln sieht man das Fördergerüst der Grube Georg hoch über der Autobahn stehen. Am Tag des offenen Denkmals war die Zeche für Besucher geöffnet. Trotz des trüben Wetters lohnte sich der Aufstieg zur Burg, hier wurden die Hohenzollern Reichsfürsten von Nürnberg. Nicht zu vergessen ist der Hauptmarkt mit dem schönen Brunnen. Er ist mit Figuren aus dem Weltbild des Heiligen Römischen Reiches geschmückt. Das Drehen des Messingrings an ihm verheißt Kindersegen. In Eisenach steht das Bachhaus, in dem man etwas über den großen Meister und seine Zeit erfährt. Wir sind mit der Nostalgiebahn Rheingold angereist.

Kurz vor dem Advent sind wir nach Sevilla geflogen, in der Hoffnung auf ein paar warme Tage, schließlich befinden wir ja in Andalusien. Gleich um die Ecke vor unserer Unterkunft, dem B&B Naranjo Sevilla, beginnt die Fußgängerzone, wo wir, inspiriert von den leckeren Schinken in den Schaufenstern, in einer der angesagtesten Tapas-Bars einkehrten. Die Residenz der arabischen Herrscher, Reales Alcazares, war unser erstes Ziel, das wir bei der Busfahrt davor nicht geschafft hatten. Auch nicht die Bootsfahrt auf dem Guadalquivir. Zurück in die Römerzeit ging es im Archäologischen Park Itálica, der 10 km außerhalb von Sevilla liegt, aber gut mit dem Bus zu erreichen ist. Kaiser Trajan wurde in Itálica geboren und ein ganzes Stadtviertel in Sevilla trägt diesen Namen. Schon die gleichnamige Brücke, über die man in den Stadtteil Triana gelangt, ist eine Augenweide. Zwei Museen an der Plaza de America wollten wir besuchen, das Archäologische Museum war leider geschlossen, dafür gab es im Kunstmuseum eine tolle Ausstellung über das Frauenbild mit dem Titel ELLE, was neben der Architektur des Hauses ein Kunstgenuss war.

Auf dieser Berlinreise gab es viel zwischenmenschlichen Verkehr, wenn man das Wort Kommunikation einmal anders verwenden will. Das zeigte sich bei der Zugverspätung samt Umbuchung, im Gespräch mit dem Zugbegleiter, mit dem Concierge, mit einer Museumsdame, mit einem Passanten, beim Frühstückskaffee, beim Telefonieren, auf dem Friedhof Alt-Schöneberg, an der Hotelrezeption, schließlich mit den Mitreisenden.

In einem Prospekt wurde eine Rundreise durch den Süden Englands angeboten, von Kent bis Cornwall. Das Besondere daran waren die Unterkünfte, alles historische Gemäuer, mit Abendessen und Frühstück obendrein. Von Calais ging's mit der Fähre rüber und wir mussten jedes Mal die gebuchte Unterkunft finden. Auf unserer Fahrt durch Kent und Sussex sind wir an vielen eigenartigen Häusern vorbei gekommen, jetzt wussten wir was Kentish Oast Houses sind. In Brighton locken das Meer und der Strand und man findet den prächtigen Brighton Palace Pier.

In Südengland gibt es wohl kaum einen geheimnisvolleren und mystischeren Ort als das Dartmoor, das oft von tiefhängenden Nebeln durchzogen ist. Die Launceston Steam Railway ist eine private Museumseisenbahn in Cornwall England. Die Schmalspurbahn wird mit Dampfloks betrieben. Von der Bergbauvergangenheit Cornwalls zeugen noch die Jinjies, die Schornsteinstümpfe ehemaliger Zinnminen. Ein frühindustrielles Relikt ist die alte Poldark Mine. Das Lugger Hotel 'A Bespoke Hotel' ist ein einzigartiges Hotel aus dem 17. Jahrhundert. Zum Tee gab es leckere Scons mit Clotted Cream und Erdbeermarmelade.

Vor 200 Jahren wurde Theodor Fontane in Neuruppin geboren. Zu seinem Gedenken wurde groß gefeiert, mit verschiedenen Veranstaltungen unter dem modernen Motto fontane.200. Zusammen mit dem befreundeten Ehepaar Hans und Annette beschlossen wir, die Provinzstadt im Ruppiner Land zu besuchen. Vom Bahnhof ist es nicht weit zum Geburtshaus, und wenn man die Karl-Marx-Straße ein Stück weitergeht, rechts abbiegt und die nächste Straße links nimmt, erreicht man das Museum Neuruppin mit der Leitausstellung fontane.200/Autor. Wäre es nicht so heiß gewesen, hätten wir uns noch viel mehr angeschaut, aber so blieb es bei den berühmten Neuruppiner Bilderbogen, der Klosterkirche St. Trinitatis und dem Kirchplatz mit der Kulturkirche, wo ein Denkmal des berühmten preußischen Baumeisters Karl Friedrich Schinkel steht.

***

Ein paar Tage in Istanbul, die Tochter besuchen

Anlass dieser Reise war der Besuch unserer Tochter. Sie hat als fertige Archäologin eine Vertretung für eine Kollegin am dortigen Deutschen Archäologischen Institut (DAI) übernommen, das im Deutschen Generalkonsulat untergebracht ist. Wir waren also neugierig, was unsere Tochter dort so macht. Außerdem hatten wir jemanden an der Hand, der sich auskannte. Was wir erlebt haben, will ich in kleinen bebilderten Abschnitten wiedergeben.

Fahrstuhl und Klimaanlage machen noch kein 3-Sterne-Hotel

Das Hotel liegt im traditionellen Stadtteil Aksaray. Bis zur Straßenbahn T1 am Verkehrsknotenpunkt Ordu Caddisi sind es 10 Minuten (in Richtung Kabatas geht es nach wenigen Haltestellen an den wichtigsten Sehenswürdigkeiten vorbei), bis zur gleichnamigen Metrostation (Endstation der Flughafenlinie M1a) weitere 8 Minuten. Wer sich nicht auskennt, sollte vom Flughafen aus ein Taxi nehmen, da man den Verkehrsknotenpunkt "unterwandern" und sich durchfragen muss. Die Lage des Hotels ist laut (Muezzin, Verkehr und Großbaustelle für die neue Metro hinter dem Hotel). Die Klimaanlage schaltet sich, wenn überhaupt, um 22 Uhr automatisch ein (reklamiert) und warmes Wasser gab es nur gelegentlich. Der Frühstücksraum im Dachgeschoss ist nicht klimatisiert. Das Frühstück ist auf türkische Gäste ausgerichtet, nicht auf internationale. Die Leute an der Rezeption und im Service waren freundlich und hilfsbereit. In der Umgebung gibt es viele Läden mit Autoersatzteilen, vor allem Rücklichter und Scheinwerfer (was wohl an der Verkehrsdichte liegt). Wer so etwas für zu Hause braucht, wird auch für sein Modell fündig.

Am Eminönü-Platz erlebt man die halbe Türkei

Wir steigen an der Haltestelle Eminönü aus der Straßenbahn. Das tun jeden Tag 500.000 Menschen. Trotz des Gedränges schauen wir uns im Uhrzeigersinn um. Bei 12 Uhr liegt die Galata-Brücke vor uns, in deren Verlängerung der gleichnamige Turm steht. Weiter rechts geht es zu den Anlegestellen des öffentlichen Nachtverkehrs über den Bosporus. Bei 3 Uhr sehen wir den Bahnhof, in dem früher der Orientexpress endete. Heute ein müder Vorortbahnhof. Weiter gedreht und nicht zu übersehen ist die Moschee der Valide (Sultansmutter), auch Neue Moschee genannt. Bemerkenswert an der sind die vielen Tauben und die prächtige Abendbeleuchtung. Bei 6 Uhr befindet sich der berühmte Ägyptische Basar. Gleich daneben gibt es eine Hähnchenbraterei, die den Vorteil hat, dass man auf 4 Etagen essen kann und zudem den schönsten Blick auf den Bosporus hat. Weiter geht es zu einer prächtigen Moschee, die dem Großwesir gewidmet ist. Nun haben wir die Runde fast geschafft. Da wir jetzt schon Hähnchen gegessen haben, greifen wir zu den Fischbrötchen. An drei Bratbooten, die wie Jahrmarktsattraktionen aussehen, wird frittierter Fisch mit Zwiebeln angeboten. Dazu eine Cola und als

Beilage Tursu (eingelegte Gurke und Kohl). Das alles genießt man mit hunderten Anderen auf kleinen Hockern. Den halben TR sollte man für das Päckchen Reinigungstücher ausgeben, sonst wird man die anbietenden Jungs nicht mehr los. Wer dann noch Lust hat, macht eine Bootstour auf dem Goldenen Horn oder auf dem Bosporus. Die Anlegestellen sind gleich neben der Brücke. So - jetzt sind wir einmal rum. Alles sehr authentisch und eigentlich auch großartig.

Mit dem Ausflugsboot zur Festung

Mit dem Bus oder dem Auto ist die Festung Rumeli Hisarı etwas umständlich zu erreichen. Dafür kann man sie aber auch besichtigen. Für alle, die es einfacher haben wollen und nicht ganz so neugierig sind, bietet sich ein Ausflug mit dem Boot an. Am besten am späten Nachmittag oder Abend von der Anlegestelle in Eminönü. Die Fahrt dauert 1 1/2 Stunden, wobei die Festung auf beiden Seiten unterhalb der zweiten Interkontinentalbrücke Fatih Sultan Mehmet Koprüsü liegt und den Wendepunkt des Ausflugs darstellt. Die Fahrt führt vorbei am modernen europäischen Stadtteil Beyoglu mit seiner steil abfallenden Bebauung bis zum Gebäudekomplex des Dolmabahce Palastes. Durch die erste Bosporusbrücke sieht man die Kreuzfahrtschiffe fahren. Zurück auf der asiatischen Seite geht es vorbei an den vielen Sommervillen und dem Leanderturm. Vor der Ankunft sieht man schon die beleuchtete Galatalbrücke und die angestrahlten Moscheen. Kurzum, ein wunderschöner Ausflug.

Mit öffentlichen Nahverkehr über den Bosporus nach Kleinasien.

Also die Istanbulcard an der Anlegestelle Kabatas in den Eingangsscanner gesteckt und los geht's im 20-Minuten-Takt nach Kadiköy auf der asiatischen Seite. Vorbei am Bahnhof Hayderpasa, der Endstation der ehemaligen Bagdadbahn und am Leanderturm, dessen Legende man nachlesen kann. Dort angekommen, kann man mit der nostalgischen Straßenbahn (Linie T4) eine Runde durch das Marktviertel drehen oder besser noch in einem angesagten Cafe' einen Mokka trinken. Achtung, nicht billig. Dann kommt wieder die Istanbulcard zum Einsatz und es geht zurück nach Europa, nach Eminönü. Gegenüber der Anlegestelle wartet der ägyptische Basar.

Das Grab des Bannerträgers, das Cafe' Pierre Lotti und der schöne Blick auf das Goldene Horn

Am besten fährt man mit dem Schiff von der Galatabrücke nach Eyup (Haltestelle Ferner/Balat). Neuerdings kann man auch mit der Seilbahn zum Cafe' Pierre Lotti benutzen. Selbst an ruhigen Tagen ist es dort sehr voll, und auch das Aussichtscafe' ist überfüllt. Der gut viertelstündige Aufstieg lohnt sich wegen der schönen Aussicht auf das Goldene Horn. Man geht durch einen Friedhof, denn viele Gläubige wollen in der Nähe des hier gefallenen Bannerträgers des Propheten Ayub (= Eyup) al-Ansari begraben sein. Zurück zur Türbe des heiligen Mannes. Das muslimische Mausoleum befindet sich in der gleichnamigen Moschee und gilt als eine der heiligsten Stätten des Islam. Entsprechende Zurückhaltung ist geboten, um die Gläubigen am Wunschfenster nicht beim Gebet zu stören.

Die Residenz des letzten Sultans gefiel auch Kemal Atatürk

Der alte Topkapi-Palast war dem letzten Sultan Abdülmecit I. nicht mehr gut genug, er zog 1855 in den neuen, im Stil des Historismus erbauten Dolmabahçe-Palast. 14 Tonnen Gold wurden verbaut, dann war man pleite. Den 600 Meter langen Gebäudekomplex am Bosporus kann man gegen gutes Geld und mit Führung besichtigen. Man kann den Palast besichtigen, den Harem oder beides. Wir haben uns für die Frauengemächer entschieden. In den prunkvollen Räumen lebte die Sultansmutter (Valide). In ihrem Wintersalon arbeitete, schlief und starb Kemal Atatürk. Alle Uhren im Palast zeigen seine Todesstunde an. In den Cafés vor dem Eingang kann man eine Pause einlegen und den Blick auf den Bosporus genießen.

Ab in den Untergrund - die Yerebatan-Zisterne, der versunkene Palast

Neben der Hagia Sophia, der Blauen Moschee (Sultanahmet) und dem Topkapi-Palast bietet das historische Viertel eine weitere Attraktion: die Yerebatan-Zisterne. Das Wasserreservoir wurde über ein 20 km langes Aquädukt gespeist, das ebenfalls unter Denkmalschutz steht. Auf Holzstegen spaziert man bei klassischer Musik zwischen den beleuchteten Säulen, immerhin 336 an der Zahl.

Am anderen Ende gelangt man zu den Medusenköpfen. Sie liegen wie abgehackt als Säulenfüße da. Wer will, kann sich als Sultan oder Sultanin verkleiden und fotografieren lassen. Und wer den Film "Liebesgrüße aus Moskau" gesehen hat, braucht gar nicht erst in die Zisterne zu gehen. Oder besser doch, jedenfalls Super.

Vom Taksim-Platz über die Istiklal Caddesi zum Galata-Turm.

Wenn nicht gerade demonstriert wird, ist schon ein Spaziergang durch die Einkaufsstraße ein Erlebnis. Am Taksim dreht die Straßenbahn ihre Runde und schlängelt sich durch die Menschenmassen. Neben den üblichen Geschäften fallen die Konditoreien auf. In Richtung Galata-Turm wird es ruhiger. Man kann ihn gegen Bares (ca. 5 Euro) besteigen oder das Geld in den umliegenden Cafés ausgeben.

Süleyman-Moschee

Die Süleymaniye ist mehr als nur eine Moschee. Um sie herum gruppieren sich Schule, Krankenhaus, (Armen-)Küche und Friedhof. Wir hatten das Glück, an einer Architektenführung teilzunehmen. Die große Harmonie des Bauwerks ist dem Zufall zu verdanken. Es war der richtige Mann zur richtigen Zeit am richtigen Ort: Koca Mimar Sinan, Sohn einer Sklavin, der zum größten Künstler der Osmanen aufstieg. Sein Grab liegt direkt neben der Süleymaniye.

Beim Betreten der Moschee überwältigt einen der überwältigende Raumeindruck, 60 mal 60 m und 53 m bis zur Kuppel. Nur die Frauenabteile sind viel kleiner. Und wie kommt man hin: Mit der Straßenbahn nach Beyazit, dann an der Universität entlang den Hügel hinauf. Wir waren faul und haben vom Hotel aus ein Taxi genommen.

Ein etwas abseits gelegene Weltkulturerbe - die Chora-Kirche.

Über die Entstehung und Bedeutung der herrlichen Fresken und Mosaiken kann man in einschlägigen Kunstführern nachlesen oder sie einfach auf sich wirken lassen. Damit das auch gelingt, ein paar Worte zur Anreise. Bus und Taxi schließe ich mal aus. Wie man es nicht machen sollte: Metrostation Topkapi Ulubatli, dann ca. 1 km nordöstlich an der Theodosianischen Landmauer entlang, erst innen, da geht es nicht weiter, dann außen. Dann rechts in die Fevzi Pasa Caddesi, mit Nachfragen und durch Hinweisschildern endlich angekommen. Das war nichts. Gott sei Dank gibt es an der Kirche ein großes Café. Zurück geht es am besten den Berg hinauf, mit dem Bus 32 nach Eminönü oder mit dem 89er nach Taksim. Schlaue verbinden das Ganze mit einer Bootstour auf dem Goldenen Horn, die Mauer runter ca. 600 m, Anlegestelle Ayvansaray. So kommt man natürlich auch hin.

An der Kirche der göttlichen Weisheit kommt man nicht vorbei

Ohne die Hagia Sophia wäre Istanbul nichts, ihre Bauform bestimmt alle anderen Moscheen, die die Silhouette Istanbuls ausmachen. Fast 1.000 Jahre war die Hagia Sofia Kirche, dann die Hälfte der Zeit Moschee, jetzt Museum. Beeindruckend ist der riesige Hauptraum mit der gewaltigen Kuppel, den Mosaiken und den Radleuchtern. Über eine Rampe gelangt man auf die Empore, auf der früher die Frauen gebetet haben. Von hier aus fallen die 8 grünen Rundschilde mit den Namen Allahs, Mohammeds und seiner beiden Engel sowie der ersten vier Kalifen auf. Verlässt man das Monument, so sieht man am Südtor in einem Mosaik Maria mit dem Jesuskind, rechts daneben Konstantin den Großen, der der Stadt bis 1930 ihren Namen gab, und links Kaiser Justinian, der Bauherr. Von letzterem stammen die Worte "Salomo, ich habe dich übertroffen". Gemeint ist der Bau des Tempels in Jerusalem.

***

In und um Berlin

Die IGA ist eine Gartenausstellung und die Jahreszeit spielt eine Rolle

Die IGA 2017 entstand auf einem parkähnlichen Gelände in den Berliner Bezirken Marzahn und Hellersdorf. Einst die berüchtigtste Plattenbausiedlung der DDR mit sozialem Schwerpunkt nach der Wende. Heute blickt man vom Kienberg zentral über die gelobten Landschaften. Eine Seilbahn verbindet den Kienbergpark mit dem Wuhletal. Das rechtfertigt auch den stolzen Eintrittspreis von 20 €. Gezeigt werden die Gärten der Welt. Sehr schön zu begehen. Und wer wandern will, kann das auch tun, gefühlte 5 km, tatsächlich aber nur 1.500 m Seilbahn. Eine Station ist der Wolkenhain auf dem Kienberg, mit herrlicher Aussicht und Sommerrodelbahn (für Groß und Klein). Man sollte sich überlegen, wann die schönste Blütezeit ist. Am besten mit der U5 vom Alexanderplatz (Haltestelle Kienberg - Gärter der Welt). Mit dem Auto ist es umständlich. Parkplatz und Shuttlebus.

Ein guter Ausgangspunkt für Berlin-Besuche und auch sonst fehlt es an nichts

Das Hotel kann mit gutem Gewissen mit vier Sternen ausgezeichnet werden.

Die Zimmer liegen um einen Hof, der parallel zur Chausseestraße verläuft. Wir hatten ein Zimmer sozusagen im Hinterhaus, sehr ruhig. Am Frühstück und am Service gab es nichts auszusetzen.

Für ein Bierchen ist gegenüber das Berliner Ballhaus (mit Schwof = Tanz) gut. Um die Ecke ist das Naturkundemuseum (so heißt auch der U-Bahnhof), ist was für Kinder. In der Nähe ist der Invalidenfriedhof, vielleicht nichts für Kinder, aber historisch interessant. Vorsicht, hier fahren die Radfahrer wie wild. Die meisten Sehenswürdigkeiten Berlins sind zu Fuß zu erreichen. Wer etwas Typisches essen möchte, bestellt Eisbein mit Sauerkraut.

und Erbsenpüree. Das Gericht besteht aus mehr als 1 kg Fleisch mit Knochen, also schämen Sie sich nicht und bestellen Sie einen zweiten Teller für Ihren Partner. Dieses Essen kann man bei Mutter Hoppe oder in der Gerichtslaube, beide im Nikolaiviertel, genießen. Guten Appetit.

„Für meine lahmen Soldaten..." Friedrich II.

Der Alte Fritz ließ das Invalidenhaus bauen und daneben den Invalidenfriedhof anlegen. Dort liegen / lagen nun die "lahmen" Soldaten, meist Generäle und höher. Nun gab es aber auch Zivilisten, und die mussten auch unter die Erde. Also wurde ein Teil der Gemeinde überlassen. Dann kam die deutsche Teilung und unglücklicherweise lag der Friedhof an der Grenze. Wo früher der Grenzstreifen war, ist heute der Radweg. Vorsicht, nicht darauf stehen bleiben, die Radfahrer kommen schnell. Bis auf einige restaurierte Prachtgräber ist nicht mehr viel zu sehen.

Trotzdem ein ruhiger Ort mitten in Berlin. Auf zwei Tafeln kann man die Geschichte des Friedhofs nachlesen. Allerdings nur auf Deutsch.

Auf der Museumsinsel steht eine Infobox für den Neubau des Berliner Stadtschlosses, dem Humboldtforum

Wer von den vielen Museen auf der Museumsinsel genug hat, kann sich den großen Neubau gegenüber anschauen. Dafür wurde eine Infobox eingerichtet, nur über die Straße, das silberne Gebäude. Kein Eintritt, aber ein Restaurant im 5. Stock und überall Toiletten. Im 5. Stock gibt es 2 Balkone, auf dem einen kann man den fleißigen Bauarbeitern zuschauen, auf dem anderen hat man einen Blick auf das Forum Fridericianum (nach Westen) und im Osten sieht man den Fernsehturm und dahinter den Alexanderplatz. Geradeaus das Alte Museum und etwas rechts der Berliner Dom. In den unteren Räumen kann man ein Modell des Berliner Stadtschlosses bewundern. Und natürlich, wie das Humboldtforum einmal aussehen wird (sehr gute Animation). Reingehen lohnt sich also auf jeden Fall.

Schnell auf die Toilette und dann um das Humboldt Forum herum

Man steht vor dem Lustgarten mit dem Alten Museum und plötzlich gibt es ein Muss. Also schnell zur Toilette in die Humboldt Box. Danach gibt es mehrere Alternativen: Auf der Terrasse bei einem Bier mit Blick auf die Linden und den Alexanderplatz genießen, in die Ausstellung gehen oder ein Rundgang um die Baustelle des Humboldt Forums machen. Wir haben uns für Letzteres entschieden. Über die Schlossfreiheit und die gleichnamige Brücke gelangt man zum Schinkelplatz mit der Feak-Bauakademie dahinter. Von hier aus kann man schon die Ausmaße des Forums mit der Kuppel erahnen. Weiter geht es zur Südseite. Die Ornamente für die Fasade sind schon angeliefert. Dann kommt man über die Schleusenbrücke, wo die Wehre des Kupfergrabens rauschen. Und dann zur Spree, über die die neue Rathausbrücke führt. Sehr gelungen mit der Rückseite des Forums. Wir empfehlen eine Pause bei Julchen Hoppe, einer Alt-Berliner Kneipe. Vielleicht nur eine Berliner Weiße oder doch ein Eisbein mit Sauerkraut und Püree. Gestärkt oder nicht geht es weiter durch den Park, Marx und Engels lassen grüßen. Die gelben Container, die sich durch den Park schlängeln, werben für die neue U-Bahnlinie U5. Sie soll vom Alexanderplatz bis zum Brandenburger Tor und darüber hinaus führen. Deshalb ist der Boulevard Unter den Linden eine riesige Baustelle. Schließlich sind wir wieder am Ausgangspunkt, der Humboldt-Box.

Endlich ein Blick in das fast fertige Schloss am Tag der offenen Baustelle

In den vergangenen Jahren schlichen wir um die Riesenbaustelle des Humboldtforums, dort wo das Stadtschloss der Hohenzollern stand. Auch ein weiteres „Schloss" gab es, den Palast der Republik, dann lange Jahre den Weihnachtsrummel, die Schlossattrappe, nun die Baustelle. Am Sonntag, den 26. August war es dann soweit, wir und viele andere durften hinein. Gott sei Dank waren wir sehr früh da, mittags stand die Schlage schon fast am Alexanderplatz. Im Schlüterhof hörten wir uns an, was Herr von Boddien zu sagen hatte, machten einen Rundgang durch den 2. Stock und lauschten dann dem Konzert des Staats- und Domchores Berlin. Gemütlich im Spenden-Café. Die Mutter neben uns hatte zwei Jungs im Knabenchor. Wir können nur sagen, das Schloss / Forum ist wirklich toll und wir freuen uns schon, wenn alles fertig ist. Da wir sin´ wa dabei, wie die Kölner im Karneval sagen.

Vom Potsdamer Platz bis zum Brandenburger Tor

Diesmal wollte ich sehen, wie weit der Potsdamer Platz schon umgebaut ist. Ich nahm den Weg zum Brandenburger Tor. Es gibt auch kleine Dinge, die von den großen Bauwerken ablenken. Nicht jedem fällt auf, dass die erste Verkehrsampel Deutschlands genau wie die modernen Ampeln ringsum geschaltet ist, nur, dass die Lichter horizontal und nicht vertikal wechseln. Sehr anschaulich sind auch die Mauerreste gegenüber, und gut kommentiert dazu. Weiter Richtung Tiergarten steht vor dem Marriott der gekrönte "Hauptstadtbär". Einfach niedlich. Schräg gegenüber sieht man die Parade der "United Buddy Bears" und, wenn man genau hinsieht, erkennt man das grüne Ampelmännchen in Groß. Vorbei am Denkmal für die jüdischen Opfer sieht man schon das Brandenburger Tor, von Touristen umringt. Wer weiter will, fährt mit dem Bus in Richtung Fernsehturm und begutachtet den Baufortschritt des Humboldt-Forums. Vorbei am Denkmal für die jüdischen Opfer sieht man schon das Brandenburger Tor, von Touristen umringt. Wer weiter will, fährt mit dem Bus in Richtung Fernsehturm und begutachtet den Baufortschritt des Humboldt-Forums.

Vom Pleasureground zur Fontäne

Ein Teil des Schlossparks Babelsberg und das Schloss sind wieder prächtig hergerichtet, vor allem der Pleasureground, die Springbrunnen und die Fontäne. Fast so, wie es sich Fürst Pückler vorgestellt hatte. Der Blick auf die Havel mit der Brücke und hinüber nach Potsdam ist einmalig - ebenso der Blick über die Sichtachsen auf das Schloss. Das ist das Preußische Arkadien!

Die Anfahrt aus Richtung Berlin erfolgt über die schmale Brücke über den Teltowkanal. Parkplätze gibt es gleich dahinter, aber nur wenige. Besser den Berg hinauf und in den Eingang des Schlossparks. Trotz Parkverbot wird hier geparkt. Vor der Brücke ist ein Selbstbedienungsrestaurant, auf ein Augustine-

Hell. Oder man geht in die Eisdiele auf der anderen Straßenseite. Wir haben den Ausflug mit unseren Lieben sehr genossen.

Jetzt kann man auch ins Schloss Babelsberg - die Fürst-Pückler-Ausstellung

Auch wenn die Anfahrt umständlich und die Parkplätze rar sind, lohnt es sich, Für die Fürst-Pückler-Ausstellung kann man ins Schloss hinein. Der Eintritt kostet 10 € und man bekommt eine Einlasszeit mitgeteilt. Wir hatten 50 min Zeit. So machten wir einen Miniausflug zum Flatowturm und schafften es nur bis zur Alten Gerichtslaube. Sie stammt aus dem Jahr 1270 und war ein Geschenk der Berliner an Kaiser Wilhelm II, als das alte Rathaus abgerissen und das neue (rote) gebaut wurde. In den gotischen Bögen wurden die Delinquenten angekettet. Heute gibt er den Blick auf den Flatowturm frei.

In vier Räumen wird das Leben des Fürsten Pückler in Dokumenten und Bildern dargestellt. Sehr informativ. Wer mehr Pückler will, muss nach Branitz oder Muskau fahren. Wir schlenderten zurück zum Parkplatz, mit dem Auto über den Teltowkanal erreicht man eine Außengastronomie. Achtung: Erst Getränke holen, dann Essen und dann bezahlen, sonst wird das Essen kalt.

Vor Weihnachten in Berlin

Es war nicht das erste Mal, dass wir vor Weihnachten Berlin besuchten. Aber diesmal hatten wir uns viel vorgenommen, zumal wir den Sonderangeboten der Bahn und des Hotels nicht widerstehen konnten.

Wir fuhren 1. Klasse durchgehend nach Berlin, ohne Zwischenstopp, in vier Stunden. Sprint nennt das die Deutsche Bahn. Im Maritim-Hotel in der Friedrichstraße war es mit dem Klassenerhalt nicht weit her: Keins der bestellten Einzelbetten, stattdessen Kingsize, Dusche in der Badewanne. Alles in Ordnung - wir reklamierten nicht. Viel Zeit zum Ausruhen blieb nicht, der obligatorische Besuch bei Hans und Annette stand an. Mit der S1 nach Zehlendorf, dann mit dem Bus, den vergesse ich immer, und 400 m nach Potsdam-Mittelmark. Schöner Weihnachtsbaum, schönes Gespräch. Es wurde spät. Wir wurden zum Bus geleuchtet.

10 Uhr am nächsten Morgen, Zeit für die Neue Nationalgalerie. Alle Bilder der großen Maler des 20. Jahrhunderts sind ausgestellt. Nebenan wird gebaggert, damit man bald noch mehr Bilder aufhängen kann. Dann kommen wir wieder. Nebenan in der Matthäuskirche brannte das Licht, reinschauen war angesagt.

Ein freundlicher Mensch erklärte uns den Bau und lud uns ein, am nächsten Tag wiederzukommen, zur Mittagszeit gäbe es eine Lesung mit Orgelmusik. Wir sagten zu. Traditionell kehrten wir bei „Mutter Hoppe" auf der Fischerinsel ein. Diesmal kein Eisbein für zwei mit Erbsenpüree, sondern eine riesige Kohlroulade und gebratene Gänseleber mit Quetschkartoffeln. Zuvor hatten wir noch die neuen Bahnhöfe der U-Bahnlinie 5 inspiziert. Der Bahnhof "Museumsinsel" mit seinem Sternenhimmel hat uns am besten gefallen. Zum Tee bei Monika und Georg. Wieder ein wunderschöner

Weihnachtsbaum, toll geschmückt wie zu Kaisers Zeiten. Wo wir gerade beim Thema sind: Wir besprachen Georgs neuestes Buch über die Orientpolitik des Deutschen Reiches. Interessant im Zusammenhang mit dem Dschihad. Und wir haben Monikas Leistungen am Klavier gewürdigt. Bis Beethoven an der Reihe ist, wird noch einige Zeit dauern.

Nach dem Besuch bot sich der Weihnachtsmarkt auf dem Breitscheitplatz an, vorbei an den schön dekorierten Schaufenstern des KADEWE. Wir waren auf der Suche nach einem besonderen Baumschmuck, den gebogenen rotweißen Zuckerstangen. Wir fanden sie am Sonderstand. Noch eine Berliner Currywurst mit scharfen Zwiebeln und ein paar Reibekuchen verzehrt. Es war ein schöner Tag.

Wieder 10 Uhr morgens, diesmal war das Humboldtforum an der Reihe. Auch ohne Zeitfenster konnte man in die Ausstellung „Berlin Global" gehen. Dort wurde die Geschichte Berlins in der Welt gezeigt. Interessant und wissenswert. Um 12 Uhr ging es mit der neuen U-Bahn zum Potsdamer Platz. Der Kirchenbesuch stand an. Lesung und Orgel gehört, Vaterunser gebetet und gespendet. In der Mall of Berlin haben wir vietnamesisch gegessen. Im 2. Stock gibt es eine riesige Auswahl an Food Stores, sozusagen von Boulette bis Sushi.

Der Nachmittag war der Heimatpflege gewidmet. Wir sind meinem alten Schulweg in Neu-Tempelhof gefolgt, von der heimischen Burgherrenstraße, welche genauso aussieht wie damals, nur die Fassaden sind frisch gestrichen. Wo früher Schrebergärten waren, stehen heute moderne Wohnblöcke. Den Gehweg um die Rundkirche gibt es noch, von der Brücke über die

„Planschwiese" als Teil des Gartenrings sieht man schon meine Schule. Sie heißt heute Tempelherrnschule, früher waren hier die 3. und 6. Volksschule, jeweils eine Schule des praktischen, technischen und wissenschaftlichen Zweiges, heute Hauptschule, Realschule und Gymnasium. Zurück ging es über die Paradestraße zur gleichnamigen U-Bahn-Station. Wo früher die Straßenbahn fuhr, fahren heute Busse. Tja - ich bin 9 Jahre lang immer zu Fuß zur Schule gegangen - damals wie heute.

Der Höhepunkt unseres Berlinbesuchs war am Abend ein Mandolinenkonzert im Konzerthaus am Gendarmenmarkt. Il Pomo d'Oro mit Avi Avital, italienische Barock. Wunderbares Konzert in einem wunderbaren Gebäude, innen und außen. Und davor der schöne Weihnachtsmarkt, aber den hatten wir ja schon letztes Jahr. Danach gab's was Bayerisches zu essen und zu trinken.

Kurz vor Mittag am nächsten Tag ging's zurück nach Köln, der Sprint war nicht ganz so schnell und die Anschlüsse nach Linz am Rhein kompliziert, denn Bonn soll per Stadtbahn mit dem Flughafen verbunden werden. Aber vorher noch eine Runde um den Reichstag, gestärkt durch ein Frühstück im Einstein-Café. Und als Souvenir und Weihnachtsgeschenk haben wir im Hotel einen Bären gekauft, eher ein Bärchen mit gestreifter Badehose und Quietscheentchen, auf dessen Hinterteil steht: „Pack die Badehose ein...". Vielleicht machen wir das mal, wenn wir wieder in Berlin sind, aber nicht vor Weihnachten.

Auf dem Shannon

Mitte der siebziger Jahre des letzten Jahrhunderts waren Charterboote sehr beliebt. Für einige Reviere brauchte man keinen Bootsführerschein. So buchten Gunhild und ich, damals wohnhaft in Düsseldorf, für eine Woche einen Motorkreuzer auf dem Shannon im schönen Irland. Da wir Gepäck hatten, nahmen wir mein Auto, einen VW-Käfer. Mein Freund Hans C. hatte für sich und seine Familie ein Ferienhaus in Lampeter gemietet, in einer der abgelegensten Ecken von Wales. Bis dorthin kamen. Dann gab der luftgekühlte Vierzylinder seinen Geist auf und ein Ersatzmotor musste her. Aber das ist eine andere Geschichte. Mit Fähre, Zug und Bus erreichten wir schließlich den Jachthafen von Killerloe.

Killaloe ist ein großes Dorf im Osten der Grafschaft Clare, Irland. Der Ort liegt am Shannon unweit vom Westufer des Lough Derg und ist durch die Killaloe-Brücke mit der „Partnerstadt" Ballina am Ostufer des Sees verbunden.

Nach der Einweisung sind wir dann auch sofort los, mit dem Ziel den Lough Derg zu reichen. In Gerrykennedy gab es einen kleinen Hafen und einen Verkaufsladen mit angeschlossenem Pub, gleich hinter der Kühltheke. Und abends ging's richtig ab, selten habe ich die irischen Tunes so schön gehört. Ja, und die Schlafstatt lag ja im Hafen.

Garrykennedy ist eine kleine Stadt auf der gegenüberliegenden Seite des Lough Derg von Mountshannon. Es ist ein sehr entspannender und angenehmer Ort am

Lough, der für seine schönen Aussichten, seine Fischereikultur und das berühmte Larkins Reetdachhaus-Restaurant und Musik-Pub bekannt ist.

Nun ging´s weiter nach Clonmacnoise, der berühmtesten Klosteranlage Irlands Der Shannon fließt hier gemächlich, ziemlich genau in der Mitte Irlands, links und rechts Weide, eben das Abbild der „grünen Insel". Für die Wasserfreunde gibt´s einen Anleger und man geht bergauf zur weitläufigen Anlage.

Clonmacnoise *ist eine alte Klosteranlage in der Nähe von Shannonbridge in der Grafschaft Offaly und eine der wichtigsten Besucherattraktionen in Irland. Ein Spaziergang durch die friedlichen steinernen Ruinen dieses berühmten Ortes wird Bilder von Heiligen und Gelehrten aus Irlands berühmtem goldenen Zeitalter der Gelehrsamkeit heraufbeschwören.*

Auf halber Strecke erreichten wir **Athlone.** Diese größere Stadt liegt etwa in der Mitte der gesamten Flussfahrt. Man muss durch eine Schleuse in die Stadt und am Wehr gibt es eine starke Strömung. Berühmt ist Athlone wegen seiner Burg aus dem 12. Jahrhundert, die wir leider nicht besuchten. Aber wir waren in einer Metzgerei und haben uns ein tolles Steak schneiden lassen. Die machen es mit einer Bandsäge. War lecker, glaube ich. Wir haben auch ein paar LPs von den „Wolfs Tones" gekauft. Die spielen die alten Rebellensongs von 1916 (Eastern Rising) und der Erlös geht wohl an die IRA.

*Der **Osteraufstand** war ein irischer Aufstand gegen die britische Herrschaft, der im April 1916 in Dublin stattfand und die Loslösung Irlands vom Britischen Empire beschleunigte. Der Aufstand wurde von den britischen Streitkräften* *schnell niedergeschlagen und galt zunächst als Fehlschlag. Dennoch wurde er bald zu einem mächtigen Symbol und trug dazu bei, die Bemühungen der irischen Nationalisten zu bündeln, sich von der jahrhundertelangen Vorherrschaft Großbritanniens zu befreien.*

Auf dem Rückweg fielen uns immer wieder schmale, hohe Rundtürme auf, meist an Klosterruinen. Im Kloster von Clonmacnoise hatten wir schon einen gesehen. In Italien waren es die Campanile, im Orient die Minarette.

Vor 1.500 Jahren gründeten frühe Christen Klostergemeinschaften in abgelegenen Flussabschnitten, wo die Ruinen von Klöstern, Oratorien und Rundtürmen noch heute zu besichtigen sind und wo man noch immer Frieden finden kann. Es folgten die Wikinger, die stromaufwärts ins Herz Irlands segelten.

Fährt man an Clonmacnoise vorbei in Richtung Süden, erreicht man nach 10 km die Shannonbrigde. Sie ist eine der ältesten Brücken Irlands und wird immer noch benutzt.

*Die **Shannonbridge** wurde in der napoleonischen Zeit von den Briten befestigt. Einige der Befestigungsanlagen, darunter ein Fort, in dem heute ein Restaurant untergebracht ist, sind heute noch am Westufer des Flusses zu sehen.*

Nun ging es wieder über den großen See ***Lough Derg*** in einen kleinen Seitenarm des Shannon. Wilde Natur pur. Man muss sie nur entdecken. Die Esel dort lassen grüßen.

Am Abend vor der Abreise gab es noch ein Abschiedsessen am See. Und am nächsten Tag war noch Zeit, *Limerick* zu besichtigen.

Und noch etwas: Limericks (benannt nach der irischen Stadt Limerick) sind fünfzeilige Verse, die einem bestimmten Reimschema (aabba) folgen. In der ersten Zeile wird meist eine Person mit ihrer geografischen Herkunft vorgestellt. Die letzte Zeile enthält meist die scherzhafte Pointe, auf die die Reimzeilen 2 bis 4 hinarbeiten. Hier ein Beispiel.

There once was a dog named Lacelle
Who thought her stuffed animals were real
She wanted to play
With her toys all the day
Until she made them hermeal!

By Mrs. Class

Der *Treaty Stone* ist der Stein, auf dem 1691 der Vertrag von Limerick unterzeichnet wurde, mit dem die Übergabe der Stadt an Wilhelm von Oranien besiegelt wurde.

Von Limerick ging es wieder mit Bus, Fähre und Zug nach *Swansea* in Südwales. Dort wollten wir beim örtlichen VW-Händler den Käfer mit dem Austauschmotor abholen. Aber das Auto war noch nicht fertig, der Motor noch nicht eingebaut. Auch musste ich die Werkstatt erst davon überzeugen, dass es mein Auto war, mit dem wir nach Deutschland fahren wollten. Unsere Laune war auch nicht die beste, da wir die halbe Nacht auf dem Bahnhof herumgestanden hatten. Also ließen wir die Werkstatt machen und nahmen uns ein Pensionszimmer, schliefen und sahen uns später noch ein Cricketspiel an.

Dann ging es langsam los, weil der Motor erst eingefahren werden musste. Wir nahmen die Fähre **Dover-Calais**, auf der mir bei rauer See furchtbar schlecht wurde. Dazu ein Limerick von mir:

Man tut immer so, als ob Reisen

Ein Muss sei, der Stein gar der Weisen

Von fremder Kultur

Bleibt meistens doch nur

Das Wetter, Getränke und Speisen… und anderes.

Kleine Abstecher

Wenn Sie mal wieder in Bonn sind...

... dann müssen Sie zum Bundesbüdchen. Wir waren gestern dort. Der Kiosk stand früher näher am Bundeshaus. Ist umgezogen. Jetzt steht er Heusallee/ Platz der Vereinten Nationen. Die Heusallee geht in Richtung Godesberg zwischen dem Haus der Geschichte der BRD und der Bundes -Kunsthalle rechts ab. Links heißt sie Hans-Dietrich-Genscher-Allee. Dort gibt es eine neue Haltestelle für die Vereinten Nationen. Der U-Bahnhof heißt Heusallee und ist ca. 500 m vom Bundesbüdchen entfernt. Mehr über das Bundesbüdchen gibt es im Internet. Von dort kann man zum Rhein gehen, breiter Fuß- und Radweg. Hinten um die Neue Deutsche Welle herum. Das war das Gebäude, das damals abgesoffen ist. Noch ein Stück weiter und man ist am Rheinufer. Die Schiffe fahren ganz nah am Ufer vorbei. Da ist auch ein Imbiss. Wir haben uns einer Cappuccino geholt (Becher für 2,60 €). Currywurst gibt es auch. Es gibt auch eine Anlegestelle der Bonner-Personen-Schifffahrt (Bundeshaus). Eine Station weiter und schon ist man am Alten Zoll.

Von Bad Ems nach Oberhof - eine romantische Flusskreuzfahrt

Bei schönstem Sommerwetter legte die Lahnstolz pünktlich um 13.15 Uhr ab. Also, den Hut nicht vergessen, denn das Schiff hat wegen der niedrigen Brücken kein Sonnendach. Wer großen Hunger hat, sollte sich in Bad Ems etwas zu essen suchen oder mitnehmen, sonst muss man sich über 5 Stunden mit Würstchen und/oder Kuchen begnügen. Bei Dausenau kommt man am historischen Wirtshaus an der Lahn vorbei (vielleicht kennt jemand das frivole Lied). Weiter geht es nach Nassau, der Geburtsstadt des Reichsfreiherrn von und zum Stein mit der Burg Nassau - Oranien. Dort kann man aussteigen. Bei uns kamen aber ca. 60 ältere Damen zum Kaffeeklatsch an Bord, was die 2-köpfige Restauration für die nächsten 2 Stunden beschäftigte. Mit viel Glück bekam ich nach 3 Stunden auch ein Getränk. Oberhof ist ein winziges Weindorf. Interessanter sind die 3 Schleusen und die vielen Paddler, ganze Schwärme. Trotz der schlechten Verpflegungssituation eine ruhige und schöne Flussfahrt. Übrigens, wer von der B 42 nach Bad Ems will, sollte über Lahnstein fahren und nicht wie wir über Urbar. Das ist zwar kürzer, aber unbequemer zu fahren.

Grube Georg in Willroth

Immer wieder sind wir daran vorbeigefahren. Auf der A3 Richtung Köln sieht man das Fördergerüst der Grube Georg hoch über der Autobahn stehen. Was es damit auf sich hat, was dort gefördert wird, hat uns schon immer interessiert. Im September 2018, am Tag des offenen Denkmals, gab es dort eine Führung und wir sind hingefahren. Wir haben erfahren, dass dort seit dem 14. Jahrhundert Eisenerz abgebaut und aufbereitet wurde. Ende März 1965 wurde die letzte Schicht gefahren. Wer schwindelfrei war, konnte das 56 m hohe Fördergerüst besteigen. Oben angekommen war uns zwar nicht ganz wohl, aber man hatte eine schöne Aussicht auf den Westerwald und das Rheinland, immer der Autobahn folgend. Bei Gelegenheit und schönem Wetter sollte man das auch mal ausprobieren.

Drehen am Ring bringt Kindersegen (in Nürnberg)

Der Schöne Brunnen steht am Rande des Hauptmarktes und ist wirklich schön. Dass er erhalten blieb, verdankt er einem Betonmantel, der ihn vor Bombenangriffen schützte. Der Brunnen hat die Form einer gotischen Kirchturmspitze und ist mit Figuren aus dem Weltbild des Heiligen Römischen Reiches geschmückt. Das Drehen des Messingrings verheißt Kindersegen. In der Weihnachtszeit füllt sich der große Platz vor der Frauenkirche mit Buden, der Hauptmarkt wird zum Christkindlmarkt. Ein Besuch der Frauenkirche lohnt sich. Auch der Blick auf das Alte Rathaus, vom Brunnen aus in Richtung Burg. Wer noch mehr sehen will, folgt dem touristischen Rundweg der Historischen Meile (schwarzes H auf rotem Grund).

Hier wurden die Hohenzollern Reichsfürsten von Nürnberg

Trotz des trüben Wetters hatte sich der Aufstieg zur Burg gelohnt. Da innen nur ein kleiner Teil zu besichtigen ist, gingen wir außen herum, genossen den Blick über die Stadt und bewunderten die vielen Tulpen im Burggarten. Weil ich noch in Preußen geboren, waren meine Gedanken bei den Hohenzollern, die vom Kaiser des Heiligen Römischen Reiches Karl IV. von Burggrafen zu Reichsfürsten

und schließlich von Kaiser Sigismund zu Kurfürsten der Mark Brandenburg erhoben wurden. Den Burggrafen erging es mit den Bürgern der Stadt nicht besser als dem Erzbischof und Kurfürsten von Köln. Sie verkauften die Burg später, nachdem sie sie umgebaut und belagert hatten. Nach so viel Geschichte machten wir uns auf den Weg ins Handwerkerviertel unterhalb der Burg und kehrten dort ins Albrecht-Dürer-Haus in der Oberen Schmiedgasse ein. Dort gab es die obligatorischen Nürnberger Rostbratwürste mit Sauerkraut und, etwas gewöhnungs-bedürftig, Saure Zipfel (in Sud gekochte Bratwürste). Dazu das köstliche Nürnberger Bier.

Man erfährt etwas über den großen Meister und seine Zeit

In Eisenach ist das Bachhaus (vom Vater des Meisters) leicht zu erreichen. Wenn man mit dem Bus kommt, fällt man fast hinein. Das Denkmal des Komponisten grüßt einem davor. Nur, viele sind auf dem Weg zur 1,5 Kilometer entfernten Wartburg oder in die nahe Innenstadt. Die Besucherzahl im Bauchhaus plus Museum war daher übersichtlich. Drei Dinge haben uns besonders gefallen: die Vorführung der historischen Musikinstrumente, die Hörproben mit Einführung in die Barockmusik und das alte Haus selbst. Bleiben Sie ruhig eine Weile und entspannen Sie sich bei Musik oder in der Cafeteria.

Wenn Sie in der Stadt noch etwas essen möchten, probieren Sie das hausgemachte Eis auf dem Markt, wo alle Schlange stehen, wie damals im HO oder besser noch draußen. Achtung, der Service in den Bars und Cafés ist noch verbesserungswürdig.

***

Kurz vor dem Advent in Sevilla

Wir waren schon einmal in Sevilla, vor fast zwei Jahren. Da war es fast noch Winter und es gab sogar Schnee im Norden und in den Bergen. Jetzt wollen wir wieder nach Sevilla und hoffen auf ein paar warme Tage, schließlich fahren wir nach Andalusien. Und wie das so mit Busrundreisen ist, man sieht zwar die Highlights, aber wer vom Mainstream wegwill, der muss individuell reisen. Also auf in nur eine Stadt, zum Beispiel nach Sevilla.

Ohne Luxus zu günstigen Preisen

Ende November bietet Ryanair Europaflüge für kaum mehr als den Preis einer Taxifahrt von Köln zum Flughafen Köln/Bonn an, allerdings zahlt man für Priority, also Sitzplatzwahl, bevorzugtes Einchecken und Boardcase, noch einmal das gleiche. Dafür sitzt man gut zwei Stunden in engen Sitzen. Aber mit dem Bus war es auch nicht viel bequemer, erst nach Frankfurt, dann eine halbe Stunde Fahrt zum Sonderflug mit einer „renommierten" Fluggesellschaft, was man an der ausreichenden Bestuhlung erkennen konnte.

Gut, das Taxi zu unserer Unterkunft mussten wir selbst bezahlen. Aber dafür brauchte man sich nicht zu versammeln und mit dem Bus wäre man nicht durch die Gassen der Altstadt gekommen. Dort befand sich nämlich das B&B Naranjo Sevilla mit der Bewertung „Super Lage! Sehr sauber. Super freundliches Personal". Wir wurden nicht enttäuscht, Bett und Frühstück waren in Ordnung, der geringe Komfort dem günstigen Preis geschuldet. Außerdem konnte ich meine Spanischkenntnisse ausprobieren, was letztendlich zum Englischen führte.

Sevilla-BandB
Naranjo (am Tage)

Wer jetzt einen Stadtplan von Sevilla zur Hand nimmt, wird feststellen, dass unser Hostel sozusagen mittendrin liegt, fast alles ist zu Fuß zu erreichen, nicht nur die wichtigsten Sehenswürdigkeiten, sondern auch das Leben in einer andalusischen Großstadt.

Entdeckungen gleich um die Ecke

Gleich um die Ecke beginnt die Fußgängerzone, wo wir, inspiriert von den leckeren Schinken in den Schaufenstern, in eine der angesagtesten Tapas-Bars einkehrten. In den folgenden Tagen haben wir allabendlich dort einen

Sevilla-Die berühmte
Cafe-Konditorei

genommen. Auf dem Weg dorthin bewunderten wir immer wieder die Schinken in den Schaufenstern. Etwas weiter in der Fußgängerzone kommt man zur Plaza Duque de la Victoria, einem der schönsten Plätze Sevillas. Dort habe ich gewartet, bis meine liebe Frau ihre Einkäufe im nahe gelegenen Aldi erledigt hatte. Etwas weiter in der Calle Alfonso XII befindet sich die berühmte Konditorei La Campana. Zu Allerheiligen gibt es in Spanien ein besonderes Gebäck, das übersetzt Knochen des Heiligen heißt. Das mussten wir probieren, zusammen mit einem Kaffee.

Nicht ganz um die Ecke, aber gut zu Fuß zu erreichen, ist der Pilzplatz (Las Setas). Unter der riesigen Holzkonstruktion befindet sich ein Markt, der „Markt der Inkarnation" genannt wird, und rundherum sind viele Lokale. Wir waren abends ein paar Mal dort. Vielleicht auf dem Rückweg von der Casa de Pilatos, einem sehenswerten Adelspalast.

In Sevilla gibt es noch mehr zu sehen, und wir haben davon reich ich Gebrauch gemacht, Orte besucht, die man bei einem touristischen Tagesausflug kaum zu sehen bekommt. Aber einen Ort mussten wir einfach ansehen, den hatten wir bei der Busfahrt nicht geschafft, er war einfach zu belagert: die Residenz der arabischen Herrscher, Reales Alcazares.

Reales Alcazares

In der Reisegruppe hatten wir eine Führung, die über die Real Frabrica de Tabaco ins alte Judenviertel zu den fürstlichen Gärten im Alcazar führte. Damals hatte ich darübergeschrieben: Von der Plaza de España in Richtung Giralda am Grandhotel entlang zur königlichen Tabakfabrik, bekannt aus der Oper "Carmen". Dann an den königlichen Gärten entlang, rechts die Säulen des Herkules, darüber die Inschrift "Isabelle" und die Karavelle des Kolumbus (Colon). Und schon ist man im alten jüdischen Viertel. Man denkt an die Geschichte der jungen Jüdin Susona (Susanne), die, um ihren christlichen Geliebten zu schützen, ihren Vater verriet. Ihr Schädel ist als Kachel in der Wand zu sehen. Durch die engen, malerischen Gassen und Plätze steht man plötzlich zwischen dem Alkazar und der Giralda-Kathedrale. Wohin zuerst? Beide lohnen sich, aber man muss Schlange stehen. Ich wählte die Giralda bis ganz nach oben, meine Frau schaute sich Kolumbus´ Grab in der Kathedrale an.

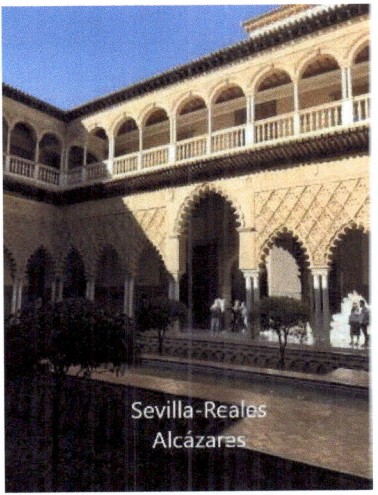

Sevilla-Reales Alcázares

Jetzt ist der Königspalast dran, natürlich mit Anstehen. Vielleicht lag es an der Jahreszeit, die Touristenschlange war kurz. Innen ist der Reales Alcazares ein prächtiges orientalisches Ensemble, ein absolutes Muss, dazu herrliche

Sonnenschein und angenehme Wärme. Anschließend probierten wir verschiedene Tapas in einem schlichten Lokal im Barrio Santa Cruz.

Zurück in die Römerzeit

Der Archäologische Park Itálica liegt 10 km außerhalb von Sevilla, ist aber mit dem Bus M-172A gut zu erreichen. Der Busbahnhof Plaza de Armas war nur wenige Minuten von unserer Unterkunft entfernt. Dort fährt übrigens auch der Bus zum Flughafen ab. Wir trieben uns ziemlich lange an diesem Ort herum, bewunderten die Mosaike und Skulpturen, hörten uns die Geschichte der römischen Ansiedlung an, betraten die Überreste der Arena, ein Amphitheater für 25.000 Zuschauer. Arena bedeutet im Spanischen Sand, ebener Sandplatz. Von den Römern stammt auch der Name, Italien war das Geburtsland des Gründers General Publio Cornelio Escipión und Kaiser Trajan wurde in Itálica geboren. In Sevilla gibt es ein Stadtviertel mit diesem Namen. Ich komme darauf zurück.

Italica- Römische Siedlung (Straße)

Das war ein schöner Vormittagsausflug und der Bus brachte uns sicher zurück. Besuchen Sie Itálica, als EU-Bürger zahlen Sie keinen Eintritt.

Zwei Museen an der Plaza de America

Neben der Plaza de España ist die Plaza de America einer der schönsten Plätze in Sevilla. Diesen hatten wir schon während der Busfahrt besucht, nun wollten wir in die dortigen Museen gehen. Das Archäologische Museum war leider wegen Umbauarbeiten geschlossen. Dafür gab es im Kunstmuseum eine tolle Ausstellung über das Frauenbild mit dem Titel ELLE, was neben der Architektur des Hauses ein Kunstgenuss war.

Über den Platz hatte ich schon geschrieben. Auch dieser Platz wurde anlässlich der Weltausstellung 1929 angelegt. Im Süden befindet sich das Archäologische Museum, gegenüber dem Museum für Volkskunst, östlich des Königlichen Pavillons. Mehr oder weniger in der Nähe befinden sich die Ausstellungsgebäude der spanischsprachigen Länder. Man erkennt sie am jeweiligen Baustil. Raten Sie mal, um welches Land es sich handelt. Ein schöner Platz zum Verweilen oder wollen Sie gleich durch den Maria-Luise-Park zur Plaza de España?

Die Plaza de España sollte man sich nicht entgehen lassen: Die Plaza de España ist einer der bekanntesten und beliebtesten Plätze Sevillas. Heute einfach nur schön, aber ohne Geschichte. Erbaut 1929 für die Iberoamerikanische Ausstellung, gleich neben dem Maria-Luisa-Park. Das Halbrund der Gebäude symbolisiert die vier spanischen Königreiche, die Kacheln

Sevilla-Kunstmuseum am Plaza de America

Ereignisse der spanischen Geschichte, das halbrunde Wasserbecken davor den Atlantik, die Brücken den Zugang zu den iberoamerikanischen Ländern. In der Mitte des Platzes befindet sich ein Springbrunnen, zu beiden Seiten flankieren Türme das Ensemble. Machen Sie einen Rundgang und genießen Sie das Bild im wahrsten Sinne des Wortes.

Auf dem Guadalquivir

Diesmal hatten wir uns vorgenommen, eine Bootsfahrt auf dem Guadalquivir zu machen, der Fluss ist ab Sevilla schiffbar. Von unserer Unterkunft aus ist die Anlegestelle zu Fuß zu erreichen, wenn auch nicht gleich um die Ecke. Also bis zur Brücke Isabella II und dann immer den Paseo de Cristo Colon entlang bis zum Goldenen Turm. Schon ist man an der Anlegestelle.

Sevilla-Punto de Embarque

Vorher kommt man noch an der berühmten Stierkampfarena vorbei und auf der Flussseite kann man den Nachbau einer Nao Victoria bewundern, die auch als Fahrgastschiff genutzt wird.

Die Minikreuzfahrt ist sehr zu empfehlen. Wir saßen vorne auf dem Oberdeck und lauschten den deutschen Erklärungen. Das Schiff fuhr zunächst flussabwärts bis zu den Häfen, wendete und fuhr flussaufwärts unter zahlreichen Brücken hindurch, bis man das Gelände der Weltausstellung sehen konnte.

Auf nach Triana

Schon die gleichnamige Brücke, über die man in den Stadtteil Triana gelangt, ist eine Augenweide. Die Brücke Isabel II, wie sie eigentlich heißt, spannt sich weit über den Fluss Guadalquivir. Wenn man sie überquert hat, fällt der Blick auf die Capilla del Carmen. Die Capilla del Carmen oder Capillita de la Virgen del Carmen ist eine kleine und malerische Kapelle.

Unser Ziel war die Cerveceria de Grande weiter unten in der Calle San Jacinto, also immer geradeaus. Dort bekommt man für 10 Euro einen Tapasteller und ein Bier dazu, alles in einheimischer Atmosphäre. Dann sind wir am Keramikmuseum vorbeigegangen und haben dort eine Kachel als Souvenir gekauft. Weiter, dicht an der Brücke, ist eine kleine Markthalle, mit Toiletten und Cafés. Danach sind wir am Fluss entlang zur nächsten Brücke, El Cachorro, gelaufen. Auffallend an dieser Brücke sind die Fußgängerüberwege, die mit weißen Planen überspannt sind, die an Masten hängen und die Fußgänger vor der Hitze schützen.

Sevilla-Puente de Triana

Zum Abschluss noch etwas Kontemplatives auf der Plaza de la Magdalena

En la tienda de ropa - Im Kleiderladen:

Ich hab's geahnt, Ele, Frauen lieben verkürzte Namen, wie hier bei Gabriele Eleonore, gleich zweimal -ele, einmal hinten, einmal vorne und doch ganz Bingo, will zum DOB-Laden, die schönen langen Kleider ansehen, gleich um die Ecke vom Hostel in der Fußgängerzone an der Plaza de la Magdalena. Nur gucken - glaube ich nicht, eher geduldiges Warten abseits der Umkleidekabinen Ja - manchmal lohnt es sich auch nicht, hinzuschauen.

Hat noch brav Hola und Buenas Tardes gesagt, als sie die Verkäuferin fragte, ob sie die Kleider in ihrer Größe da drüben hätte. ¿Tiene esta alli en mi taille? Sie verlässt sich auf meine guten Spanischkenntnisse. Die Antwort Sí, señora, quere las probar algo? deutete auf einen verständlichen Satz hin. Statt untätig herumzustehen, gehe ich lieber hinaus auf die Plaza und setze mich auf eine Parkbank.

Wäre auch bequemer sein können, denn es gibt Modegeschäfte, die den meist männlichen Wartenen einen Kaffee anbieten, wenn's hoch kommt, und je nach Bauchumfang auch Kekse dazu, und ab und zu ein mitleidiger Blick. Jetzt sitze ich da und merke, ist doch schön in Andalusien am Nachmittag. Aber warum laufen die Einheimischen in Winterkleidung herum? Sind es wohl nicht gewohnt, woher auch.

"Und aus dem Laden starrt se' - Ach geb'n Sie mir 'n schwarzen." Kommt mir Otto Reuthers Couplet vom Blusenkauf in den Sinn, sitze ja schon ne' Weile hier Der arme Wartende ist verblichen, jetzt ist der Einkauf nicht unwichtig. Ah - da kommt sie, hat nichts gekauft. Die Farbe hat nicht gepasst, die Länge auch nicht und die spanische Weiblichkeit im entsprechenden Alter hat die falschen Maße Eben nicht mitteleuropäisch.

So, das war's, der Kelch ist vorübergegangen. Wird nicht der letzte gewesen sein. Ob ich mir zur Entspannung ein Eis gönne? Schräg gegenüber ist eine Eisdiele. Bueno Helado con ...

Reiserückblick

Der Rückflug ging erst am Abend, so dass wir unser Zimmer gegen einen kleinen Aufpreis bis zum späten Nachmittag behalten konnten. Alles auf Spanisch zustande gebracht. Der Flughafenbus war auch gleich in der Nähe. Nun saß ich im Flugzeug von Ryanair und verbrachte die Flugzeit damit, über das Erlebte nachzudenken.

Ich verglich unsere Individualreise mit der Busreise vor einiger Zeit, wobei ich die vielen anderen Sehenswürdigkeiten Andalusiens einmal ausließ. Und stellte fest, dass man eine Städtereise besser auf eigene Faust macht. Bei einer Rundreise mag das anders sein. Aber man erlebt einfach mehr, wenn man auf die Menschheit losgelassen wird. Das war bei uns die Flussfahrt, der Ausflug in den Archäologischen Park Itálica oder einfach der Besuch einer Tapas-Bar oder draußen an einem schönen Platz am Abend, zum Beispiel an der Plaza Encarnacion, wo das Gebäude „Las Setas" steht. Wir beobachteten eine Rollschuhschule.

Sevilla: kleine Rollschülfahre
(Las Setas)

***

Eine kommunikative Reise nach Berlin

Wegen der wiederholten Lokführerstreiks wollten wir eigentlich mit dem Auto nach Berlin fahren. Dann haben wir es doch gewagt, schon wegen des bezahlten Hotelzimmers und der Fahrkarten, die auch gleich Anlass zur ersten Kommunikation gaben. Denn es war so: Die Regionalbahn hatte wegen einer Signalstörung 20 Minuten Verspätung. Diese Zeit hätten wir zum Umsteigen in Köln gebraucht. So kamen wir zu spät an und der ICE war weg. Soweit so gut.

Ich habe mir für diesen Reisebericht etwas Besonderes ausgedacht, ich werde ihn anhand der geführten Gespräche beschreiben und dies chronologisch mit dem Reiseverlauf thematisch verbinden.

Verspätung

Nun, wir haben den gebuchten Berlin-ICE nicht mehr erreicht. Eleonore wollte schon wieder nach Hause, denn für sie war die Fahrkarte ab Köln Hbf ausgestellt, so dass die Zugbindung nicht aufgehoben war. Für die Regionalbahn hatte sie das Deutschlandticket. Um diesen Umstand und die Weiterfahrt zu klären, wandten wir uns an die Bahninformation, die gerade nicht belagert war. Nach Schilderung unserer misslichen Lage hatte die DB-Info-Dame ein Einsehen und vermerkte die Verspätung auf unseren beiden Fahrkarten. Dazu gab es noch die Information über den nächsten Zug und den Hinweis, dass wir unsere Sitzplatzreservierung im Reisezentrum Köln-Messe ändern könnten. Von dort sollte der nächste Zug nach Berlin fahren. Nach dieser freundlichen Mitteilung fuhren wir nach Köln-Messe.

Reservierung

Im Reisezentrum Köln-Messe meldeten wir uns, um unsere Sitzplatzreservierung zu ändern. Die DB-Mitarbeiterin zuckte ein wenig zusammen, denn Eleonore hatte keinen Anspruch auf Umbuchung. Aber die abgestempelten Fahrberechtigungen der Kölner Kollegin schufen wohl Tatsachen. Den Hinweis, alle Fünfe gerade sein zu lassen, musste sie aber loswerden. Schließlich machte die Dame die neuen Reservierungen und wir warteten mit aufgehellter Stimmung auf unsere neue Zugverbindung, nicht ohne vorher noch die leckeren Mettbrötchen im Coffee-Shop gekauft und verzehrt zu haben. Vor der Abfahrt herrschte noch reges Treiben auf dem Bahnsteig, ein ICE nach Amsterdam, einer nach Hamburg usw., auch der nach Berlin kam endlich.

Zugbegleiter

Auf der Fahrt nach Berlin, so zwischen Wolfsburg und Berlin-Spandau, kontrollierte der DB-Zugbegleiter, früher wohl Schaffner genannt, unsere Fahrkarten. In unserem Familienabteil ließ es sich anscheinend gut plaudern. Was dem stattlichen Mann zu einem Gespräch mit uns veranlasste, kann ich mir nicht erklären. So erfuhren wir, dass der Eisenbahner seit 5 Jahren bei der Deutschen Bahn arbeitet, vorher Zeitsoldat als Oberleutnant zur See war danach Betriebswirtschaft studierte und im Vertrieb arbeitete, bis er in den ruhigen Fahrwassern der Bahn landete. So ging der Small Talk hin und her und verkürzte die Fahrzeit auf angenehme Weise. Er nannte uns auch sein Geburtsjahr, wir fragten nicht nach den Familienverhältnissen. Eine angenehme Kommunikation, wie man sie selten antrifft. Er wünschte uns eine gute Fahrt und ging wieder seiner Arbeit nach.

Wir erreichten Berlin Hbf und bezogen unser Zimmer im Aletto am Bahnhof Zoo. Dort waren wir nicht zum ersten Mal. Um 18:00 Uhr waren wir bei alten Freunden in der Osteria Angelini in Steglitz eingeladen. Es wurde ein netter Abend mit alten Geschichten über verstorbene Freunde, auch von denen, die ich vorher nicht kannte.

Concierge

Am Sonntagmorgen waren wir mit meinem Freund Hans C. am Alten Telegrafenamt in Berlin-Mitte verabredet. Nach einem kleinen Frühstück im Aletto hatten wir noch reichlich Zeit bis zum Treffen. In dem historischen Gebäude befindet sich jetzt ein Grandhotel mit Bar und Restaurant und es soll einen interessanten Innenhof geben. Wir fragten nach, wo dieser zu finden sei. Der Concierge wies uns freundlich den Weg um das Gebäude herum, dort sei der gesuchte Platz. So fanden wir den gesuchten Ort, einen großen, nach drei Seiten offenen Hof mit Außengastronomie und einem Tor zur Oranienburger Straße. Dort trafen wir den Concierge wieder und es entwickelte sich ein kleines Gespräch über eine mögliche Übernachtung. Er meinte, sie hätten schöne Zimmer ab 300 € pro Nacht mit allem, was das Hotel sonst noch zu bieten hat. Er wünschte uns noch einen schönen Aufenthalt und wir gingen weiter zur Großen Synagoge, wo unser Freund uns schon entgegenkam.

Museumsdame

Nach der gemeinsamen Besichtigung mehrerer historischer Gebäude und dem Durchschreiten einiger riesiger Neubauten, immer unter sachkundiger Führung, erreichten wir den Bahnhof Friedrichstraße, mit dem aus DDR-Zeiten bekannten „Palast der Tränen". Eine S-Bahn-Station weiter stiegen wir am Hauptbahnhof aus mit dem Ziel, das Berliner Medizinhistorische Museum der Charité zu besuchen. Freund Hans verabschiedete sich hier von uns, und ich glaube, das Museum war nichts für ihn.

Der glaubhaften Versicherung, dass wir im ermäßigten Eintrittsalter seien, traute die Museumsdame nicht und verlangte unsere Ausweise. Vielleicht gehört es sich so, oder war es ihre Jugend? Und noch einen Hinweis bekamen wir: Die menschlichen Präparate dürfen nicht fotografiert werden. Es war eine interessante Ausstellung über die Geschichte der Charité und der Medizin. Beim Anblick der konservierten Organe und Körperteile überkommt einen ein leichtes Unbehagen. Noch etwas flau im Magen, aber auch hungrig, machten wir uns auf die Suche nach einem Restaurant und fanden in der „Food Factory" am Hauptbahnhof beim Thai ein passendes Mittagessen. Gut gestärkt und ein wenig müde gingen wir ins Hotel, um uns auszuruhen, denn am späten Nachmittag wartete noch ein Konzertbesuch auf uns.

Passant

Wir waren auf dem Weg zu einem Konzert zum St. Patrick's Day, eine irische Band spielte in der Königin-Luise-Kirche in Waidmannslust. Das ist weit im Norden von Berlin, aber mit der S1 gut zu erreichen. Um sicherzugehen, dass wir auf dem richtigen Weg befinden, frage ich einen jungen Mann, der uns entgegenkam. Nachdem er seine Apple AirPods, so nennt man heute wohl die kabellosen Kopfhörer, aus den Ohren gezogen hatte, stellte ich meine Frage noch einmal. Die Antwort wegen des richtigen Weges war positiv, wir sollten nur den vielen Leuten folgen, die wohl auch zum Konzert wollten. Nach 10 Minuten erreichten wir schon in der gut gefüllten Kirche, in der letzten Reihe waren noch zwei Plätze frei. Wir hörten uns die Irish Tunes gut eineinhalb Stunden an und gingen dann, es war schöne bekannte Musik, aber es reichte Interessant war jedoch, neben der üblichen Besetzung, die mit Tenorsaxophon und Cello.

Nach dem Musikgenuss kam der Hunger. Diesen stillten wir, zurück im Westen Berlins, in der Traditionsgaststätte Schildkröte am Ku-Damm. Das Engelhardt-Pils ging runter wie Öl und die Sülze mit Bratkartoffeln beziehungsweise die Currywurst XXL waren ebenso deftig wie lecker. Leider konnten wir uns mit den Gästen am Tisch nicht unterhalten, sie kamen wohl irgendwo aus Osteuropa und konnten kaum Englisch.

Frühstückskaffee

Am Rückreisetag hatten wir noch einiges vor, denn der Zug fuhr erst am Nachmittag. Zwei Friedhofsbesuche standen an und da konnte ein gutes Frühstück nicht schaden. Nicht eines mit Milchkaffee und Croissant, sondern ein richtiges vom Buffet. Ich hatte mich schon daran gütlich getan, als Eleonore den Kaffee holte. Überraschenderweise brachte nicht sie den Kaffee. Ein mittelalter Mann mich namentlich an und stellte mir das Getränk hin, wünschte mir einen guten Appetit und die besten Grüße von der Direktion, da ich ja nun Stammgast sei. Was für ein gelungener Scherz, Eleonore muss den Mann dazu angestiftet haben. So erheitert setzen wir uns in die S-Bahn nach Lichterfelde-Ost. Dort angekommen muss man noch ein Stück zum Friedhof laufen, der X11-Bus hätte es auch getan.

Telefonat

Bevor wir auf dem Friedhof Lankwitz ankamen, kaufte ich im nahegelegenen Blumengeschäft noch ein Pflänzchen für das Grab meiner kürzlich verstorbenen Cousine. Von ihrem Mann wussten wir nur, dass es ein Gemeinschaftsgrab auf einer Wiese hinter den Urnengräbern meiner Mutter und ihres Mannes und der Eltern meiner Cousine gab. An den Gemeinschaftsgräbern waren Schilder mit den Namen der Verstorbenen angebracht, nur den Namen meiner Cousine konnten wir nicht finden. Also rief ich Wolfgang, den Mann meiner Cousine, an. Etwas verwirrt erklärte er mir, dass die Namenstafel noch nicht fertig sei, da mehrere darauf stünden, müsse man warten. Aufschlussreicher war aber seine Auskunft über die Lage des Grabes. Ich hatte den Eindruck, dass er sich sehr schwer tat. An der richtigen Stelle angekommen, setzten wir die Pflanze ein und machten uns auf den Rückweg. Diesmal mit dem Bus zur S-Bahn.

Alt Schöneberg

Mit der S-Bahn fuhren wir nach Schöneberg zum Alten Friedhof. Wir wollten noch einmal einen Blick in die Urnenhalle werfen, in der die Urnen meines Freundes Peter und seiner Frau Renate stehen. Wir hatten Glück, jemand öffnete das Gittertor und so konnten wir die gekaufte Grabblume vor dem Urnenfach ablegen. Auf dem Weg zum netten Café unweit des Nebeneingangs trafen wir die hübsche junge Friedhofsangestellte wieder, die wir von Peters Beisetzung kannten. Auch sie erkannte uns sofort. Ich wollte schon damals mit ihr über ein Grab für mich sprechen. Sie sagte, sie sei jeden Freitagnachmittag zu sprechen. Mit dem Versprechen, es beim nächsten Mal zu tun, verabschiedeten wir uns freundlich. Das Café, das wir uns vorgenommen hatten, hatte leider geschlossen und so gingen wir zum Aletto, um den Koffer abzuholen, der dort deponiert war.

Rezeption

Gegen Mittag holten wir unseren Koffer im Hotel ab, wo er an der Rezeption deponiert war. Zu diesem Zeitpunkt hatte eine Rezeptionistin Dienst, die ich von früheren Aufenthalten kannte und die mir durch ihre Freundlichkeit aufgefallen war. Eine ganz besondere junge Frau italienischer Herkunft. Wir erinnerten uns an die Sache mit dem Grappa, mit dem wir auf meinen verstorbenen Freund anstoßen wollten. Der Barkeeper kannte sich mit Schnaps nicht aus, und sie half ihm auf die Sprünge. Es gab einen herzlichen Abschied und sie drückte ihre Hoffnung aus, uns wieder zu sehen.

Am Hauptbahnhof erfuhren wir, dass wir in Köln-Messe umsteigen müssen, um mit dem Regio nach Hause zu kommen. Die Plätze waren für uns reserviert. Bis zum Einsteigen war noch reichlich Zeit, so dass wir in der nahe gelegenen „Food Factory" noch einmal zu Mittag aßen, diesmal den vietnamesischen Suppentopf Pho Ga.

Mitreisende

Kurz vor drei fuhr der ICE in Köln ein, Wagen 24 im Abteil D. Als wir unsere reservierten Plätze einnehmen wollten, saß dort schon jemand. Ein ordentlich gekleideter Mann Anfang fünfzig, wohl auf Dienstreise. Er entschuldigte sich, hatte sich in der Reihe geirrt und setzte sich auf den Platz vor uns. Nun war der Wagen 24 kein Ruhebereich, die junge Dame hinter uns telefonierte fleißig mit ihrem Handy, und auch der Dienstreisende telefonierte, aber dezent. Wir benutzten das Handy nicht, nahmen uns ein Buch und dösten zwischendurch vor uns hin.

Unser Mitreisender stieg mit uns in Köln-Messe um und wir sahen ihn im Regionalzug nach Koblenz nur wenige Reihen vor uns wieder. Mit einem freundlichen Nicken stieg er in Bonn-Beul aus, wo seine Dienstreise wohl zu Ende war.

Auf dieser Berlin-Reise gab es viel zwischenmenschlichen Verkehr, wenn man das Wort Kommunikation einmal anders verwenden will. Erstaunlich viel, ohne dass wir es darauf ankommen ließen. Ich hätte es auch wörtlich wiedergeben können, aber der genaue Informationsaustausch ist mir nicht mehr in Erinnerung. Was bleibt, sind diese erfreulichen Aspekte des Kontakts und der Verständigung während der Reise, nicht nur mit Freunden und Bekannten.

***

Eine Rundreise durch Südengland

In einem Prospekt wurde eine Rundreise durch Südengland von Kent bis Cornwall angeboten. Das Besondere waren die Unterkünfte, allesamt historische Gebäude, mit Abendessen und Frühstück inklusiv. Tagsüber ging es mit dem Auto weiter. Das war im vorletzten Jahrzehnt des vorigen Jahrhunderts. Unsere kleine Tochter konnte von den Großeltern betreut werden und unsere zweite Tochter war noch nicht da. Also haben wir uns für diese Reise entschieden und gebucht.

Von Calais ging es mit der Fähre rüber und wir mussten jedes Mal die gebuchte Unterkunft finden. Das war nicht einfach. Manchmal waren es schreckliche alte Kisten, aber es gab auch schöne romantische, wie zum Beispiel ein altes Kloster, ein „Vier-Poster-Bett" im Zimmer oder ein Zimmer ganz nah am Ärmelkanal, wo man dachte, die Wellen würden gleich reinschlagen.

Da ich mich nicht mehr an die genaue Route erinnere, habe ich mich an den Fotos der Sehenswürdigkeiten orientiert.

Kentish Oast Houses

Ein Kentish Oast House ist eine Darre, ein Darrhaus oder eine Hopfendarre zum Darren (Trocknen) von Hopfen als Teil des Brauprozesses. Sie sind in den meisten Hopfenanbaugebieten zu finden und oft ein gutes Beispiel für traditionelle Architektur. Viele nicht mehr genutzte Kentish Oast Houses wurden zu Wohnhäusern umgebaut. Die Begriffe „oast" und „oast house" werden in Kent und Sussex synonym verwendet.

Auf unserer Reise durch Kent und Sussex kamen wir an vielen dieser Häuser vorbei und besuchten auch die eine oder andere Brauerei.

Brighton Palace Pier

In Brighton locken Meer und Strand: *Herzlich empfängt der Brighton Pier die Besucherströme, die auf der Suche nach Sonne, Unbeschwertheit und Sinnesfreuden sind. Schnell ist der Tourist mittendrin im einzigartigen Brighton-Leben. Die Strandpromenade scheint endlos. Auf sieben Kilometern erstreckt sich eine wunderbare Vielfalt. Fahrgeschäfte, Spielhallen und Imbissbuden reihen sich aneinander. Eine Achterbahn und ein reichhaltiges Angebot der Spezialität Fish & Chips runden das Vergnügen ab. Auch ein Riesenrad darf nicht fehlen. Aus 50 Metern Höhe bietet es einen einmaligen Blick über das Seebad und die hügelige Landschaft der Grafschaft Sussex.*

Nun, wir waren da und haben uns alles angesehen. Und natürlich haben wir auch einen leckeren Imbiss zu uns genommen.

Nationalpark Darkmoor

Legenden im Dartmoor: Es gibt wohl kaum einen geheimnisvolleren und mystischeren Ort in Süden von England als das Dartmoor, das oft von tiefhängenden Nebelschwaden durchzogen ist. In den Nebelschleiern meint man dann Gestalten zu erkennen, und so ist das Dartmoor von vielen Mythen und Legenden verwoben, die noch heute vielerorts erzählt werden. So kann man es im Internet nachlesen.

Wir sind auch durch das Moor gefahren und über viele Brücken gelaufen. Wir fanden die Landschaft einzigartig, aber nicht so geheimnisvoll wie oben beschrieben. Nur die beiden Gestalten in den orangefarbenen Regenklamotten mit den weißen Motorradhelmen kamen uns außerirdisch vor. Als sie weg waren, spazierte eine Familie über die Steinbrücke.

Launceston Steam Railway

Die Launceston Steam Railway ist eine privat betriebene Museumseisenbahn in Launceston in Cornwall, England. Die Schmalspurbahn wird mit Dampflokomotiven auf einer Spurweite von 597 mm betrieben. Die etwa 4 km lange Strecke verläuft auf einem Teil der Trasse der ehemaligen North Cornwall Railway, die später von der London and South Western Railway übernommen und in den 1960er Jahren von der British Railways stillgelegt wurde.

Wir sind mitgefahren und haben viele Fotos gemacht.

Poldark Mine, Cornwall

Von der Bergbauvergangenheit Cornwalls zeugen noch heute die Jinjies, so heißen die Schornsteinstümpfe ehemaliger Zinnminen. Diese frühindustriellen Relikte, teils gespenstische Ruinen, teils museale Erinnerungsstücke wie der alte Stollen der Poldark Mine, gehören zum Landschaftsbild Cornwalls. Bekannt wurde die Poldark Mine durch die Fernsehserie Poldark, die nach den Herren der Zinnminen benannt wurde. Der alte Name der Mine war Wheal Roots. Sie liegt im Wnedron Valley nördlich von Helston. Die Mine war bis in die 1860er Jahre in Betrieb und wurde 1970 wiederentdeckt. Heute ist sie eine Touristenattraktion, nicht zuletzt durch die Fernsehserie.

Wir haben im ADAC-Reiseführer davon gelesen und sind hingefahren. Man kann noch die Ruinen der Maschinenhäuser, des Förderturms und der Pumpanlage stehen sehen. Ich glaube, wir haben auch eine Innenbesichtigung gemacht, jedenfalls waren wir im Museum.

Das Lugger Hotel, Portloe

Das Lugger Hotel 'A Bespoke Hotel' ist ein einzigartiges Hotel aus dem 17. Jahrhundert. Freuen Sie sich auf einen idyllischen Rückzugsort direkt an der Küste im Fischerdorf Portloe auf der Halbinsel Roseland. Das mit zwei AA-Rosetten ausgezeichnete Restaurant mit Sonnenterrasse und Blick auf den Hafen serviert frische Meeresfrüchte und regionale Produkte. Portloe liegt in einem Naturschutzgebiet am Fuße eines Tals mit einer malerischen Bucht und einem kleinen Hafen.

Ich habe einmal so getan, als würde ich dort über Booking.com ein Zimmer buchen. Tatsächlich würde ich heute über 500 Euro für zwei Nächte bezahlen. Wenn ich mich nicht täusche, hat damals jeder den gleichen Betrag für die ganze Reise bezahlt. Ich erinnere mich an die Brandung im kleinen Hafen und an die alten Mauern des Hotels. Und ich glaube, auf der Veranda gleich nebenan haben wir den High Tea genossen. Zum Tee gab es leckere Scons mit Clotted Cream und Erdbeermarmelade.

Rückblick

Rückblickend würden wir eine solche Reise etwas anders gestalten. Wir würden nicht in den alten Kästen übernachten, sondern uns ein schönes B&B suchen was wir später auch immer wieder taten. Vielleicht lag es auch an unseren Englischkenntnissen, auf der Rundreise waren wir noch etwas schüchtern. Die lange Anreise inklusive Fähre kann man sich sparen. Inzwischen sind die Flüge billig und mit dem Mietwagen geht es auch. Ein bisschen Wehmut kommt schon auf, aber die Zeit ist ja nicht stehen geblieben. Kurz nach der Reise bekamen w eine zweite Tochter und seit ein paar Jahren sind wir selbst Großeltern.

***

Fontanestadt Neuruppin

Der Anlass

Vor 200 Jahren wurde mein Lieblingsdichter Theodor Fontane in Neuruppin geboren. Zu seinem Gedenken wurde groß gefeiert, mit verschiedenen Veranstaltungen unter dem modernen Motto fontane.200. Das Museum Neuruppin lockte mit einer Sonderausstellung über den großen Sohn der Stadt. Das befreundete Ehepaar Hans und Annette, ebenfalls Anhänger des Dichters, war schon öfter in Neuruppin gewesen, aber noch nicht zu diesem Anlass. So beschlossen wir, die Kleinstadt gemeinsam zu besuchen.

An einem Vormittag Ende Juni holten uns die Freunde von unserem Hotel am Bahnhof Zoo ab. Die Außentemperatur betrug bereits 30 Grad und es sollte noch heißer werden. Hans hatte eine Gruppenfahrkarte besorgt und die Regionalbahn brachte uns nach Neuruppin zum Bahnhof Rheinberger Tor, die Fahrt dauerte eineinhalb Stunden, meist eingleisig durch die märkische Landschaft.

Vom Bahnhof aus starteten wir unseren Kulturrundgang, den ich mit seinen Stationen beschreiben werde. Bei den Besichtigungspunkten gehe ich auf die damit verbundenen Personen ein. Um es vorweg zu nehmen, es waren Preußen.

Fontanes Geburtshaus

Vom Bahnhof zum Geburtshaus ist es nicht weit, immer die Karl-Marx-Straße entlang und auf der Schattenseite, denn das Thermometer zeigte bereits 36 Grad. Auf eineem Foto sieht man die Freunde in Sommerkleidung.

Natürlich habe ich fotografiert und die Tafel gelesen: Hier wurde am 30. Dezember 1819 Theodor Fontane geboren. In den Schaufenstern der Apotheke gibt es noch mehr Informationen. So erfahren wir, dass Fontanes Vater als Apotheker zu den Honoratioren der Stadt gehörte. Leider währte das Glück der Familie Fontane in Neuruppin nicht lange, denn obwohl der Vater Louis Henry Fontane als charmanter Plauderer allseits beliebt war, hatte er einen Makel: seine Spielsucht. Nachdem er innerhalb von sieben Jahren sein gesamtes Vermögen verspielt hatte, musste er das Haus verkaufen. Die Familie zog nach Swinemünde.

Ich muss gestehen, obwohl ich schon viel über Fontane gelesen habe, wusste ich dieses Detail noch nicht. Nach so viel Geschichte war eine Hitzepause angesagt. Gleich neben der Löwen-Apotheke befindet sich das Eiscafé Il Gelato, in dem wir uns ein kühles Getränk gönnten, ob wir Eis aßen, weiß ich nicht mehr.

Ausstellung im Museum Neuruppin

Geht man die Karl-Marx-Straße ein Stück weiter, biegt rechts ab und die nächste Straße links, erreicht man das Museum Neuruppin. Eigentlich ist es ein großes Heimatmuseum, aber aus gegebenem Anlass findet dort die Leitausstellung fontane.200/Autor statt.

Die Ausstellung soll die Besucher in Schreib- und Textwelten entführen: Woher hatte er seine Ideen? Wie erfand er seine Figuren? Warum taucht manches in seinen Romanen immer wieder auf, anderes wird verschwiegen? Wie entsteht der „Realismus-Effekt", wie der besondere Fontane-Sound? Woran erkennen wir Kunst? Und: Was begeistert uns an der Literatur? In der Ausstellung fanden wir Antworten und waren begeistert. Schon deshalb hatte sich der Weg gelohnt.

In den anderen Räumen des Museums weckten ein Gemälde und eine Fotografie mein Interesse. Das Foto zeigt der verdienten Feierabend eines Ausgrabungsteams, denn im Ruppiner Land fanden immer wieder archäologische Ausgrabungen statt.

Das Gemälde zeigt den Husarengeneral Hans Joachim von Zieten, eben den berühmten Zieten aus dem Busch, dem das nahe gelegene Gut Wustrau im Ruppiner Land gehörte. Theodor Fontane dichtete 1847:

> *Joachim Hans von Zieten, Husarengeneral,*
>
> *Dem Feinde die Stirn bieten, das hat er wohl hundertmal getan.*
>
> *Sie haben's alle erfahren, wie er die Pelze wusch*
>
> *Mit seinen Leibhusaren, dem „Zieten aus dem Busch"... usw.*

Neu-Ruppin, bei Gustav Kühn

Um die Mittagszeit waren wir Fontane-müde und auf dem Weg zu einem Traditionslokal, das mein Freund Hans schon kannte. Im Durchgang des alten Verlagshauses der Märkischen Zeitung stießen wir auf zwei bemerkenswerte Zeittafeln. Immer wieder tauchte der Name Gustav Kühn auf, einmal als erster Herausgeber der Märkischen Zeitung und einmal als Herausgeber der berühmten Neuruppiner (farbigen) Bilderbogen.

Zur Information (aus Wikipedia): Als Bilderbogen werden die Einblattdrucke (Flachdruck) des 18. und 19. Jahrhunderts bezeichnet, die bis zum Einsatz einer entsprechenden Technik (2. Hälfte des 19. Jahrhunderts) handkoloriert waren. Als populärer Bild- und später auch Lesestoff waren sie in den ersten Jahrzehnten ihrer Produktion in einer noch weitgehend leseunkundigen Welt weit verbreitet. Was Gustav Kühl im Einzelnen damit zu tun hat, ist auf der Tafel

nachzulesen. Außerdem ist ein beliebiges Exemplar abgebildet.

Mittagessen und Kirchenbesuch

Nach so viel Wissenswertem ließen wir uns in der Außengastronomie nieder und bestellten landestypische Gerichte. Im Schatten saß es sich gut, das kühle Bier schmeckte und Nachtisch gab es auch noch. Der Name der Gaststätte ist mir entfallen, aber eigentlich kamen nur das Restaurant Rosengarten oder das Up-Hus in Frage. Von dort sind es nur ein paar Schritte zum Ruppiner See und wir hofften auf eine kleine Rundfahrt mit dem Schiff. Leider passten die Abfahrtszeiten nicht. Also ging es in die Kirche.

Von der Ev. Gesamtgemeinde Ruppin erfuhren wir, dass die Klosterkirche St Trinitatis Neuruppin in den Jahren 1836 - 1841 auf Befehl von König Friedrich Wilhelm III. gründlich restauriert wurde und dass die Bauarbeiten von Karl Friedrich Schinkel geleitet wurden, der in Neuruppin als Sohn des Pfarrers und späteren Superintendenten Schinkel geboren wurde. Auf diesen zweiten großen Sohn der Stadt komme ich gleich zurück.

Die ehemalige Dominikanerkirche erhebt sich auf einer leichten Anhöhe nahe dem Ufer des Ruppiner Sees. Sie ist von einer mit Bäumen bestandenen Grünfläche umgeben, die daran erinnert, dass 1841 nach erhaltenen Plänen des Potsdamer Gartenbaudirektors Peter Joseph Lenné (1789-1866) eine parkähnliche Anlage entstehen sollte, die zwar begonnen, aber nicht vollendet wurde.

Wir schlendern ein wenig durch die Kirche und bewundern den großen Orgelprospekt. Wir erfuhren, dass auf der Orgel besonders gut barocke Orgelmusik, z.B. von Bach, gespielt werden kann. Leider wurde nichts gespielt, aber die Kühle in der Kirche lud zum Verweilen ein. Irgendwann mussten wir dann doch den Heimweg antreten.

Karl Friedrich Schinkel vor der Kulturkirche

Auf dem Weg zurück zum Zug überquerten wir den Kirchplatz mit der Kulturkirche. Dort steht ein Denkmal des berühmten preußischen Baumeisters Karl Friedrich Schinkel. Theodor Fontane schrieb über ihn: "Von allen bedeutenden Männern, die Ruppin, Stadt und Grafschaft, hervorgebracht hat, ist Karl Friedrich Schinkel der bedeutendste. Mit 13 Jahren verließ Schinkel seine Heimatstadt. Später ging er in Berlin bei dem Architekten Gilly in die Lehre.

Die Kulturkirche wird als Konzerthalle, Kongresszentrum und moderne Kunsthalle mit jährlich über 60 Veranstaltungen genutzt. In den letzten Jahren fanden viele exklusive Gastkonzerte und Lesungen statt.

Ein paar hundert Meter weiter warteten wir am Rheinberger Tor auf unseren Zug nach Berlin.

Auf der Heimfahrt eine Kritik

Die Regionalbahn war gut gekühlt, und so lässt es sich bekanntlich besser denken, zum Beispiel an unsere Kultur-Spritztour. Wäre es nicht so heiß gewesen, hätten wir uns das Alte Gymnasium in Neuruppin angesehen, wo Theodor Fontane zur Schule ging und über das er humorvoll berichtete. So aber waren wir im Tempelgarten, einer Anlage, die Kronprinz Friedrich während seiner Zeit in Neuruppin als Kommandeur des Infanterieregiments Kronprinz anlegen ließ. Auf der Homepage Tempelgarten Neuruppin lesen wir unter anderem: Am 28. Juni 1732 zog der Kronprinz in Neuruppin ein. Er wurde von den Bürgern der Stadt feierlich und festlich begrüßt. Ein königlicher Befehl seines Vaters hatte dafür gesorgt, dass zuvor die Häuser geputzt und der Unrat aus der Stadt entfernt wurde. Auch der Militärgalgen auf dem Neuen Markt, an dem Deserteure aufgehängt wurden, war aus der Stadt entfernt worden. Gleich nach seinem Einzug in Neuruppin ließ Friedrich in den Wallanlagen seinen „Amaltheagarten" anlegen, der zunächst vor allem als Nutzgarten diente, in dem unter anderem Spargel, Melonen, Weintrauben und Kirschen geerntet wurden.

Wir wollen es mit dem Preußischen bewenden lassen, aber irgendwann werden wir Neuruppin wieder besuchen und eine Schiffstour machen. Vielleicht fahren wir noch einmal zu den Festspielen nach Rheinsberg oder besuchen eine Veranstaltung in der Kulturkirche. Auch der Große Stechlinsee, an dem Theodor Fontane seinen letzten Roman "Der Stechlin" verortet hat, kommt in Frage.

***

Vierter Band

In diesem vierten und letzten Band über Lieblingsorte und geliebte Städte greife ich auf Erinnerungen zurück, auf gemeinsame Reisen mit einer Lebensgefährtin. Und ich gebe der jeweiligen Person einen Namen und nenne die Art der Beziehung. Manche dieser beschriebenen Reisen sind reine Nostalgie, fanden sie doch im letzten Drittel des vergangenen Jahrhunderts statt. Doch alles endet im familiären Rahmen und schon sind wir im 21. Jahrhundert angekommen. Zum Schluss mache ich mich noch einmal allein auf den Weg in eine geliebte Stadt.

Dieser Teil meines Buches beginnt mit einer romantischen Reise in den Süden. Der Gardasee ist ein beliebtes Reiseziel, damals wie heute. Und fast immer ging es mit dem Auto dorthin, heute mit dem Surfbrett auf dem Dach. Mit meinem englischen Roadster der Marke MG 1600 war das nicht möglich, aber für eine Gardaseerundfahrt im offenen Zustand war er wunderbar geeignet, dafür weniger für unseren Ausflug nach Venedig. Der langhubige Vierzylinder war der Strada del Sol nicht gewachsen.

Die Ostverträge waren zwar schon abgeschlossen und das Transitabkommen in Kraft, aber der Transit durch die DDR war immer noch etwas Besonderes. Das junge Paar aus West-Berlin ließ sich davon aber nicht abhalten, eine Autofahrt durch die halbe Bundesrepublik zu unternehmen. Das Auto war nun ein Karmann Ghia 1600 zweifarbig, den es auch in Westdeutschland nicht so oft gab. Zuerst ging es nach Hamburg, dann nach St. Peter-Ording, dorthin, wo die Wellen der Nordsee an den Strand schlagen. Dann quer Richtung Südwest in die Main/Neckar-Region, mit kleinen Zwischenstopps in Lohr am Main, Mespelbrunn im Spessart und Heidelberg. Und dazu gibt es kleine Geschichten.

Wieder in den Süden, wie gut 15 Jahre zuvor. Wieder an den Gardasee, wieder nach Venedig. Und doch ganz anders, in jeder Hinsicht. Erst haben sich Hans und jetzt Eleonore ein paar Tage in München rumgetrieben, dann zog das Paar weiter, sie hatten vom schönen Frühling in Südtirol gehört. Also nach Meran, an Innsbruck vorbei, über die Brennerautobahn. Nun war es nicht mehr weit bis zum Gardasee, nach Garda dem namensgebenden am See. Vom Gardasee aus kann man die schönen oberitalienischen Städte besuchen, was die beiden auch taten. Es muss ja nicht immer Venedig sein. Wie wäre es mit Verona oder Mantova? Neben Verona ist Mantua ein beliebtes Ausflugs- und Urlaubsziel für

Geschichts- und Kunstinteressierte. Am Abend ließen es sich die Verlobten noch einmal in Garda gut gehen. Diesmal waren es 935 km nach Köln, in einem hochwertigen Auto (3er BMW Sechszylinder, wieder blau, aber dunkler).

Und wieder München, nun verheiratet. Das Brautpaar will nach Venedig, wie es sich für eine Hochzeitsreise gehört. Zuvor hatten sie einen Zwischenstopp in Salzburg eingelegt. In Venedig haben sie sich dann eine gemütliche Pension ausgesucht, ganz in der Nähe des Ghettos, dem ältesten Judenviertel der Welt. Abends war es am schönsten. Die beiden schlenderten durch die Gassen zu Harry's Bar in der Nähe des Markusplatzes am Canal Grande. Tagsüber gab es auch viel zu sehen. Mit dem Vaporetto zum Lido, nach Morano zu den Glasbläsern oder zu den Toten auf der Isola di San Michele. Arrivederci Hans und Eleonore oder wie Rita Pavone damals sang. Ciao Venezia. Es bleibt die Erinnerung auf der Scalzi-Brücke über den Canale und die Gondel, die gerade darunter durchfährt. Da stand das Ehepaar nach einer Kreuzfahrt, nach vielen gemeinsamen Jahren, nun mit zwei Töchtern, einem Schwiegersohn und einem in spe und zwei süßen Enkeltöchtern.

Es war wieder mal eine gemeinsame Reise mit Gunny, meiner Freundin. Diesmal sollte es in den Sommerurlaub nach Dänemark gehen, in eine Ferienwohnung auf dem Land, aber nicht zu weit vom Strand und Sehenswürdigkeiten entfernt. Und das Segelboot musste mit. Strand und Wasser, der kleine Ort Høruphav hat beides, einen kleinen Yachthafen und einen Strand mit Dünen, die mit dem Auto gut zu erreichen waren. Dann wurde aufgeriggert und die Segel für einen kleinen Törn gesetzt. Gunny schaute erst einmal zu, denn es wehte ein bisschen steif. So ein Sommerurlaub: Ausspannen, ein bisschen Sport, Sightseeing, einfach mit dem Auto hin und zurück. Die Ferienwohnung war zum Frühstücken und Schlafen genau richtig. In der Umgebung gab es viel Interessantes zu sehen. Alles lag abseits der Touristenhochburgen, auch in Odense war nicht viel los.

Seit Jahrzehnten fahren wir als Familie ins Tannheimer Tal und verbringen dort bis auf wenige Ausnahmen die Weihnachtswoche, immer im Haus Maringele in Nesselwängle. Die 500-Seelen-Gemeinde liegt am östlichen Ende des Hochtals über den Gaichtpass geht es hinunter nach Reutte. Zwischendurch besuchten immer wieder Füssen. Schon von weitem sieht man die ehemalige Sommerresidenz der Fürstbischöfe, heute eine Galerie der Bayerischen Staatsgemäldesammlungen. So ging das all die Jahre, dann waren wir mit zwei Familien da, sonst blieb alles beim Alten, das Skifahren, der Ausflug zur Viesalpsee und der nach Füssen ins Modegeschäft.

Einmal, das ist noch gar nicht so lange her, hat es uns alle zu Ostern ins Tannheimer Tal gezogen. Früher gab es dort zu Ostern noch Schnee, diesmal war alles grün. Also mussten andere Dinge her: das Museum der bayerischen Könige in Hohenschwangau, das einen Einblick in die Geschichte des Königshauses der Wittelsbacher gibt, oder der 2013 eröffnete Baumwipfelpfad, der 480 Meter lang ist und an seinem höchsten Punkt 21 Meter über dem Boden schwebt, im Walderlebniszentrum Ziegelwies in Füssen, oder das Berggut Gaicht, ein Reit- und Ferienhof inmitten der Tannheimer Berge, ideal für den Reitunterricht unserer Enkelin Julie.

Have you seen the old man in the streets of London? Anfang der 70er Jahre war dieser sentimentale Lied ein Hit. In The Streets of London hört man von all den alten Menschen, die durch die Straßen Londons schlurfen, von armen Rentner, Obdachlose, pensionierten Soldaten, die sich ihrem Schicksal ergeben. Ich passe altersmäßig wohl dazu, aber ich schlurfe nicht, sondern erfülle mir meinen Geburtstagswunsch. Mit this is Hans from Germany wusste die Gruppe, die auch an der historischen Kneipentour teilnahm, woher ich komme.

Im Tower of London ließ ich die Kronjuwelen links liegen und interessierte mich für die Geschichte des Bauwerks. Sehr aufschlussreich war der Vortag des Yeoman Warden auf dem Tower Green. Auch nach dem Master of the Raven habe ich mich erkundigt. Die Westminster Abbey ist aus einem ehemaligen Benediktinerkloster entstanden, heute Hochzeits- und Krönungskirche, wie man sie oft im Fernsehen sieht. Die Kathedrale beherbergt die Grabstätten vieler Dynastien und auch großer Persönlichkeiten Großbritanniens. Deswegen sie ist ein Wallfahrtsort. Nicht weit von meiner Unterkunft schlenderte ich abends über den Exmouth Market. Hier lassen es sich die Studierenden der nahe gelegenen Londoner Universität gut gehen, meilenweit entfernt von dem, was sich in deutschen Studentenkneipen abspielt. Am Morgen des Abreisetages fuhr ich zur Hauptattraktion meines Besuchs. Direkt über der Waterloo Bridge ist es schon zu sehen, das Riesenrad, das Eye of London. Oben angekommen, hat man einen fantastischen Rundumblick über die Hauptstadt Großbritanniens. Auf den Straßen Londons habe ich mich weniger bewegt, ich bin meistens mit dem Bus gefahren.

***

Eine romantische Reise in den Süden

Frisch verlobt und ab in den Süden, den Jahresurlaub nehmen. Denn die Verlobten waren berufstätig, also mindestens drei Wochen bezahlter Urlaub.

Eine Reise in den Süden ist für andre schick und fein, so gesungen von der jungen Cornelia Fröbes 1962, nahmen die beiden damals wörtlich. Entgegen dem Lied, in dem Tina und Marina mit dem D-Zug nach Neapel fahren wollten, nahmen Hans und Monika lieber das Auto. Neapel ist zu weit weg von Berlin, der Gardasee tut es auch. Mit berechtigtem Anspruch auf ein Doppelzimmer bezogen die Verlobten ein schickes Hotel in Malcesine am Lago.

Apropos schick und fein. Es war die Zeit von „Double Income - No Kids". Im Falle der Verlobten Hotel Mama oder Oma und vom verdienten Geld nichts abgeben. Familiengründungen kamen eher ungeplant. Wenn, dann war an Reisen nicht mehr zu denken. Also war die Kombination aus schickem Auto und Auslandsreisen anzustreben.

Das Reiseauto war ein MGA Roadster, hellblau, 90 PS. Etwas zum Protzen, aber kein Reisewagen. Hinter den beiden Sitzen war gerade noch Platz für einen Koffer, mehr ging nicht, denn im Kofferraum war das Reserverad. Von den unangenehmen Eigenschaften berichte ich an passender Stelle immer mal wieder.

Schon auf der Hinfahrt wurde das Auto immer schwerer zu lenken, Abhilfe schaffte das Schmieren des Lenkgestänges in einer Werkstatt. So kamen wir später im Hotel an, froh, dass nichts weiter passiert war. Vom Hotelparkplatz blickt man auf der Straße und den geparkt poplige 600er Fiats. Hinunter zum See gab es einige schöne Ausblicke, noch schönere an der Uferpromenade. Und um den Gardasee zu fahren, das hat in dem Spotwagen richtig Spaß gemacht. Die Gardesana Orientale führt rund um den Gardasee, mit Höhenunterschieden, steilen Hängen, Galerien und Tunnels. Im offenen Roadster ist das ein Erlebnis.

Höhepunkt der Reise war Venedig. Der Canal Grande rief, auch der Markusplatz, der Dogenpalast, die Seufzerbrücke etc. Der Piazzale Roma war voll. Gegen ein gutes Trinkgeld konnte das Auto in einer Tiefgarage geparkt werden.

Von Malcesine nach Venedig sind es rund 180 Kilometer, also gut zweieinhalb Stunden mit dem Auto, aber nicht mit diesem Sportwagen. Der Langhuber (Vierzylinder-Reihenmotor) musste bei der Hitze draußen stündlich abkühlen. Er war eben für englisches Wetter und Landstraßen gebaut, nicht für die Autostrada del Venezia. Die Rückfahrt von Venedig war auch nicht besser.

Auch die Rückfahrt nach Berlin war anstrengend. Nicht nur wegen der Entfernung von 975 km, sondern auch wegen des gesperrten 1. Gangs. Hatte sich bei der Grenzkontrolle nicht gut gemacht, im zweiten Gang anzufahren.

Schließlich war es geschafft. Knapp ein Jahr später wurde das Auto durch ein schönes deutsches Modell ersetzt.

War das wirklich ein romantischer Urlaub mit so einem Auto? Es schien so, ganz nach dem Motto: Wir meistern auch größere Dinge (in Liebe).

Über Hamburg nach Heidelberg

Als frisch verheiratetes West-Berliner Ehepaar wollte man auch mal raus - durch die „Zone" nach Westdeutschland. Zwar waren die Ostverträge schon abgeschlossen und das Transitabkommen in Kraft, aber der Transit durch die DDR war immer noch etwas Besonderes. Und warum nicht einmal die Bundesrepublik kennen lernen - vom Norden in die Mitte. Die Reiseroute führte über Hamburg nach St. Peter-Ording, dann südwärts über Lohr am Main nach Heidelberg. Alle genannten Ziele habe ich früher oder später schon einmal besucht. Aber davon später.

Nach Hamburg belangte man damals über den Grenzübergang Staaken auf die alte Fernstaße 5, eine Autobahn gab es damals noch nicht. Und wenn man dann in Hamburg ist, geht man auf die Reeperbahn. Wir waren in einer Travestie-Show, das war zu dieser Zeit etwas Sündiges. Nebenan war das Café Keese (große Lichtfassade), da war immer Damenwahl. Später gingen wir durch die Große Freiheit, das war noch sündiger.

Weiter ging's Richtung Norden nach St. Peter-Ording - da, wo die Wellen an den Strand schlagen. Der Ort liegt auf der Halbinsel Eiderstedt und hat einen endlosen, 2 km breiten Strand. Dorthin kann man mit dem Auto fahren. Aber man darf den Windseglern, das sind Segelboote auf Rädern, nicht in die Quere kommen. Die sausen ganz schön.

Zum Baden war es zu kalt und der Wind pfiff uns um die Ohren. Untergebracht waren wir in einem der typischen Gästehäuser. Gott sei Dank waren wir verheiratet, sonst hätten wir Einzelzimmer nehmen müssen. Naja - und mit meinem Auto haben wir ganz schön geprahlt. Einen Karmann Ghia 1600 zweifarbig gab es auch in Westdeutschland nicht so oft.

Wir verließen den windigen Norden und fuhren in südwestlicher Richtung in die Main-Region, genauer nach Lohr am Main in Unterfranken. Warum ausgerechnet dorthin? Die Industriegewerkschaft Metall hatte mich Anfang der 60er Jahre als gewerkschaftlichen Vertrauensmann zur Weiterbildung dort hingeschickt. Und weil es so schön war, wollte ich meiner jungen Frau diese Bildungsstätte einmal zeigen. Der zuständige Gewerkschaftssekretär hat das gerne gemacht. Und auch die Stadt ist sehenswert.

Das nächste Ziel war das Wasserschloss Mespelbrunn. Es liegt in einem verschwiegenen Spessarttal zwischen Frankfurt am Main und Würzburg. Bekannt wurde es unter anderem als Drehort des Films "Wirtshaus im Spessart" mit Liselotte Pulver und Carlos Thompson sowie als Schauplatz des gleichnamigen Theaterstücks.

Dank seiner versteckten Lage überstand das Schloss alle Kriege unbeschadet und blieb in seiner ursprünglichen Form erhalten. Noch heute befindet es sich in Privatbesitz. Die Eigentümer engagieren sich seit Anfang der 1950er Jahre dafür, das Schloss als Denkmal zu erhalten und gleichzeitig der Öffentlichkeit zugänglich zu machen.

Ich habe ein ausliegendes Dokument einmal vergrößert. Mit etwas Mühe kann man entziffern, was nach 1800 geschehen ist. Die Notiz „...die während der letzten Jahre im Königreich Württemberg (von napoleonischen Gnaden, eigene

Anmerkung) von Unbekannten verübten erheblichen Räubereien und gewaltsamen Diebstählen...." gibt Auskunft. Gibt Auskunft. So werden z.B. unter den Räubern und Dieben die Schädigungshandlungen aufgeführt.

Der Zusammenhang zwischen dem Ort und den damaligen Ereignissen ist hergestellt, nun wissen wir, dass es nicht verkehrt war, die Räuberpistole dort spielen zu lassen.

Auch die letzte Station unserer Reise hat etwas mit den Franzosen zu tun. Im Erbfolgekrieg wurde das Heidelberger Schloss von den Truppen des Sonnenkönigs gesprengt. Seitdem ist es eine romantische Ruine. Es gibt so viel über das Schloss zu erzählen, dass man damit Seiten füllen könnte. Die Geschichte vom Großen Fass und seinem Wächter kommt einem vielleicht in den Sinn, wenn man die Figur des Perkeo sieht. Der Hofnarr des Kurfürsten gab vor, das ganze Fass austrinken zu können. Der Zwerg soll gesagt haben: "Perché no? Daraus entstand der Name. Zum Schloss muss man nicht laufen, es gibt eine Standseilbahn.

Was gibt es sonst noch in Heidelberg zu sehen? Vielleicht die Alte Brücke über den Neckar mit ihren Türmen und Alt-Heidelberg mit seinen historischen Studentenkneipen. Das Wirtshaus zum Seppl gehört dazu. Schon im späten 17. Jahrhundert trafen sich hier Studenten und Bürger in geselliger Runde bei einer Maß Bier. Vor der Heiliggeistkirche auf dem Heidelberger Marktplatz war die örtliche Feuerwehr feiernd im Einsatz, mit Helm und rotem Löschfahrzeug. Und das junge Paar saß auf der Brüstung der Alten Brücke, in Gedanken schon auf dem Heimweg: Frankfurt am Main, Kassel, Helmstedt, Transit, Dreilinden, West-Berlin.

Wieder im Süden, mal verlobt, mal verheiratet

Wieder in den Süden, wie gut 15 Jahre zuvor. Wieder an den Gardasee, wieder nach Venedig. Und doch ganz anders, in jeder Hinsicht. Man ist verlobt mit dem Aufgebot. Wenn niemand etwas dagegen hat, kann man nach 14 Tagen heiraten. Diesmal zog es die Brautleute wieder an den Gardasee. Wieder mit dem Auto, immerhin in einem Modell der Premiumklasse. Soziologisch waren sie in der Mittelschicht angekommen: die Braut mit eigener Zahnarztpraxis, der Bräutigam als Diplom-Ingenieur mit ordentlichem Gehalt und Urlaubsanspruch.

Erst hatten Hans und jetzt Eleonore einen Zwischenstopp in München eingelegt. Beide besuchten das Deutsche Museum (Foucaultsches Pendel, Schifffahrtsabteilung, Hochspannungsvorführung), spazierten durch den Englischen Garten rund um die Residenz und bewunderten München am Abend (Marienplatz, Ludwigstraße mit Siegestor). Die beiden Schönen kehrten zu einer Maß Münchener Hell ein (vermutlich in der Augustiner Bierhalle). Dann zog das Paar weiter. Sie hatten vom Frühling in Südtirol gehört. Also nach Meran, an Innsbruck vorbei, über die Brennerautobahn. Meran ist eigentlich ein Ort für Ältere, aber auch für Jüngere, wie man sieht. Jetzt wäre es an der Zeit, wieder auf der Promenade vor dem Kurhaus zu sitzen - wie damals. Und wieder in den typischen Gasthäusern einzukehren, die den Tiroler Speckteller und den Wein vom Kalterer See anbieten (leicht, unkompliziert, gesellig, nicht der vom Lidl).

Nun war es nicht mehr weit zum Gardasee, dem gleichnamigen Ort am See. Zu erreichen in knapp zwei Stunden mit dem Auto. Die Möglichkeit, dorthin zu wandern, schloss das Paar aus. Auch wenn sie den folgenden Blog (den es damals noch nicht gab) gelesen hätten: „Four retired Aussies hiked from Meran to Lake Garda on a self guided tour. The hotels were great, the organisation super and the daily hikes were interesting and challenging with fabulous scenery".

Der Gardasee ist ein romantischer Ort, gerade im Frühling. Er hat eine ganz besondere eigene Atmosphäre, so ging die Verlobte nicht ohne ihren Burberry aus, auch nicht beim Eisessen auf der Seeterrasse. Auf dem Foto mit Erdbeerbecher fallen zwei Dinge auf: die perfekt perlmuttfarben lackierten Fingernägel und der Verlobungsring an der rechten Hand. Oder war es der umgearbeitete Ehering? Jedenfalls hat ihn der Verlobte dort in Garda gekauft, einen Goldring mit einem Brillanten von einem halben Karat, für eine halbe Million Lire (damals etwa 500 DM, heute das gleiche in Euro). Der Ring wird heute noch ab und zu getragen.

Vom Gardasee aus kann man leicht die schönen oberitalienischen Städte besuchen, was die beiden auch taten. Es muss ja nicht immer Venedig sein. Warum nicht Verona oder Mantua? Beide Städte sind so geschichtsträchtig. Erst die Römer, dann die Goten, viel später die Österreicher und schließlich gehörten die Städte zum Königreich Italien. In Verona muss man mindestens drei Sehenswürdigkeiten besuchen: die Piazza delle Erbe, das Zentrum der mittelalterlichen Stadtrepublik, die Arena von Verona, das nach dem Kolosseum in Rom am besten erhaltene und zweitgrößte Amphitheater der Welt, und das Haus der Julia, die Casa di Giulietta, mit dem berühmten Balkon, auf dem sich Romeo und Julia ewige Liebe schworen. Mit der ewigen Liebe ist das so eine Sache. Leider endete sie mit dem Tod der Protagonisten.

Mantua ist ein beliebtes Ausflugs- und Urlaubsziel für Geschichts- und Kunstinteressierte. Die Renaissance hat hier deutlich sichtbare Spuren hinterlassen. Leider ließen damals viele Deutsche (Kulturbanausen) auf dem Weg zu den Stränden der Adria dieses Kleinod im wahrsten Sinne des Wortes links liegen, Modena und Bologna mussten nach langer Fahrt erreicht werden und dann waren es noch 150 km bis Rimini.

Am letzten Abend ließen es sich die Verlobten in Garda noch einmal gut gehen. Diesmal waren es 935 km bis Köln, im Qualitätsauto (3er BMW, wieder blau, aber dunkler). Wie soll ich die Reise beschreiben, vielleicht mit weniger Romantik, dafür mehr Kultur?

***

Wieder in München, jetzt verheiratet. Das Glasbild hier ist in einer der vielen Münchner Gaststätten entstanden, vielleicht im Nürnberger Bratwurst Glöckle am Dom. Es soll wohl die Konstellation des Brautpaares darstellen.

Ein Foto zeigt das Paar in Richtung Isartor gehen, wohl auch um den gemeinsamen Freund Gert K. im Karl-Valentin-Museum zu treffen. Der war damals noch nicht promoviert und auch noch nicht Sanitätsrat, das bekommt man erst nach 20 Jahren Zahnarztpraxis. Warum der sich in München rumgetrieben hat, weiß ich nicht mehr.

Das Brautpaar wollte nach Venedig, wie es sich für eine Hochzeitsreise gehört. Vorher gab es einen Zwischenstopp in Salzburg. In Venedig hatte sich das Brautpaar eine gemütliche Pension ausgesucht, ganz in der Nähe des Ghettos, dem ältesten Judenviertel der Welt. Das Auto mussten sie in der Tiefgarage am Piazziale Roma abstellen und ein Wassertaxi nehmen. Die schönen Palazzi am Canale Grade wurden besichtigt, denn man war ja länger da als die Tagestouristen. Aber das nicht so schöne Venedig wurde sich angeschaut.

Abends war es am schönsten. Die beiden schlenderten durch die Gassen zu Harry's Bar (1323 Calle Vallaresso - 30124 Venezia) in der Nähe des Markusplatzes am Canale. Das war damals top und teuer, aber das musste sein. Nach dem Essen an der Bar gab es noch ein nettes Gespräch mit einem italienischen Pärchen, natürlich auf Englisch. Das war schon gehoben.

Tagsüber gab es auch viel zu sehen und zu machen. Einfach das Vaporetto nehmen, sich zum Lido schippern lassen, nach Morano zu den Glasbläsern oder zu den Toten auf der Isola di San Michele. Auf zu Krabben, Thunfischköpfen, Tiroler Speck und Oliven.

Arrivederci Hans und Eleonore oder wie Rita Pavone damals sang. Ciao Venezia. Nun begann für das Ehepaar wieder der Alltag, die Betreuung von Patienten und Kunden. Und natürlich das Warten auf Nachwuchs. Was bleibt, ist die Erinnerung an die Scalzi-Brücke und die Gondel, die gerade darunter durchfährt. Kürzlich stand das Ehepaar vor einer Kreuzfahrt wieder auf der Brücke. Nach 37 gemeinsamen Jahren, mit zwei Töchtern, einem Schwiegersohn und vielleicht einem in spe und zwei süßen Enkeltöchtern.

"Alla nascita dell'amore gli amanti parlano del futuro; al suo declino parlano del passato". Wenn die Liebe entsteht, sprechen die Liebenden von der Zukunft; wenn sie vergeht, sprechen sie von der Vergangenheit.

Durch den Süden Dänemarks

Mit der Freundin in die Sommerferien

Es war eine der Reisen mit meiner Freundin Gunhild. So nannte ich sie immer, obwohl ihre Geschwister sie Gunny riefen. Diesmal sollte es in den Sommerurlaub nach Dänemark gehen, in eine Ferienwohnung auf dem Land, aber nicht zu weit vom Strand und den Sehenswürdigkeiten entfernt. Und das Segelboot musste mit. Nun ist die ganze Geschichte schon eine Weile her, fast ein halbes Jahrhundert. Gunhild war noch keine zwanzig und ich schon über dreißig, also im Durchschnitt waren wir als Paar noch jung. Unser Domizil war eine Wohnung in Linz am Rhein, Gunhild machte in der Nähe ihre Ausbildung und ich war in Wiesbaden in Arbeit und Brot. So blieben uns nur die Wochenenden und natürlich der Urlaub.

Dänemark kam uns in Verbindung mit einem Besuch in Berlin in den Sinn. So konnten wir meinen Großvater besuchen, Freunde treffen und das Segelboot, das am Stößensee lag, mitnehmen. Es war auch nicht weit nach Süddänemark. Wir hatten eine Ferienwohnung auf einem Bauernhof gebucht. Der Ferienort heißt Høruphav und liegt ganz oben an der Flensburger Förde, man erreicht ihn über Flensburg und Sonderburg im dänischen Nordschleswig. Auf dem Hof gab es eine ganze Reihe von Ferienhäusern. Rundherum gab es allerlei Vieh zu sehen. Wir machten es uns gemütlich und zogen uns für den Abend an, denn die Bauernfamilie hatte uns für den Abend eingeladen.

Strand und Wasser

Der kleine Ort Høruphav hat beides, einen kleinen Yachthafen und einen Strand mit Dünen, mit dem Auto in kurzer Entfernung zu erreichen. Das Segelboot bekam einen Wasserliegeplatz, den Trailer ließen wir auf dem Hof stehen, dort war genug Platz. Dann wurde aufgeriggert und die Segel für einen kleinen Törn gesetzt. Gunhild schaute erst einmal zu, denn es wehte ein bisschen steif. Nach so viel Action

war Entspannung angesagt. In den Dünen war es richtig schön und windgeschützt, Gundhild sonnte im Bikini. Dort waren wir öfter, schließlich hatten wir Urlaub.

Rundfahrt auf Fünen

Nicht weit von unserem Urlaubsort konnte man in Fynshav Havn mit der Autofähre nach Fünen übersetzen. Heute verbindet ein System von Tunneln und Brücken die beiden Landesteile. Etwa in der Mitte auf Fünen liegt Odense. Wir besuchten das Geburtshaus von Hans-Christian Andersen und schlenderten durch die Altstadt. Dann machten wir einen Abstecher nach Egeskov und bewunderten das schöne Wasserschloss und die Autosammlung. Am Abend zurück mit der Fähre.

Sonderburg und Umgebung

Das schöne Wetter war gut für weitere Ausflüge, mit dem Auto ist man ja mobil. Die erste Station war Sonderburg. Wir machten einen Stadtrundgang, begannen beim Schloss, gingen über die Stadtmauer mit ihren Kanonen, verweilten bei der berühmten Mühle, spazierten durch die Stadt mit den alten Häusern und landeten schließlich am Hafen, wo eine kleine Schiffsrundfahrt fällig war.

Weiter ging es nach Alsen, zunächst zum Schloss Augustusburg und dann zur Blommeskoppel an der Küste. Augustenburg ist das größte und vollständigste Barockschloss in Südjütland. Seine Bedeutung spiegelt den Wohlstand und das fortschrittliche Denken der herzoglichen Familie Ende des 18. Jahrhunderts wider, lasen wir im Internet. Wir machen einen kleinen Rundgang, irgendwo stand, dass die letzte deutsche Kaiserin aus der herzoglichen Linie des ehemaligen Schlossherrn Friedrich VIII. zu Schleswig-Holstein-Sonderburg-

Augustenburg stammte, als Prinzessin von Schleswig-Holstein-Sonderburg-Augustusburg, älteste Tochter des Herzogs.

Nach Blommeskoppel fährt man hin wegen der Hünengräber und des schönen Buchenwaldes an der Küste zum Kleinen Belt. Der Name des Ortes stammt von dem Mann, der die Gräber entdeckte. Das war Hans Blome. Auf der Blommeskoppel kann man einfach spazieren gehen und sich an der schönen Umgebung und den alten Gräbern erfreuen.

Rückblick auf die Sommerreise

Es war ein Sommerurlaub, wie man ihn sich befreundet unter 30 vorstellt: Ausruhen, etwas Sport, Sightseeing, einfach mit dem Auto hin und zurück. Die Ferienwohnung war zum Frühstücken und Schlafen genau richtig. In der Umgebung gab es viel Interessantes zu sehen. Alles lag abseits der Touristenhochburgen, auch in Odense war nicht viel los. Aber in den Sommerferien waren wir nie dort. Ich habe heute noch schöne Erinnerungen an diesen Urlaub, er war sehr gelungen.

Immer wieder ins Tannheimer Tal

Seit Jahrzehnten fahren wir als Familie ins Tannheimer Tal und verbringen dort bis auf wenige Ausnahmen die Weihnachtswoche, immer im Haus Maringele in Nesselwängle. Dafür wurden wir sogar von der Gemeinde geehrt. Alles zu erzählen, was wir erlebt haben, würde den Rahmen sprengen. Etwas willkürlich berichte ich anhand von Fotos über unsere Erlebnisse, wobei die aus letzte Zeit etwas ausführlicher sind.

Nesselwägle 2008

Seit ihrer Kindheit fuhren unsere beiden Töchter zu Weihnachten mit uns ins Tannheimer Tal, genauer gesagt in die große Ferienwohnung der Maringeles nach Nesselwängle. Die 500-Seelen-Gemeinde liegt am östlichen Ende des Hochtals, über den Gaichtpass hinunter nach Reutte. Unser Zimmer liegt direkt an der Straße, bietet aber einen schönen Blick auf den Talboden. Vor allem morgens war die Aussicht wunderschön. Später wurde eine Umgehungsstraße gebaut und auf derStraße wurde es ruhiger.

Wir kamen auf Empfehlung des Tourismusverbandes Tannheim zu dieser Ferienunterkunft, die Maringeles wurden sehr familienfreundlich bezeichnet. So packten wir Jahr für Jahr unsere Wintersportsachen auf den Dachgepäckträger, brauchten bei gutem Wetter- und Verkehrsverhältnissen rund 6 Stunden, bei schlechten auch mal 8 Stunden, machten jedesmal Pause den Raststätten Hockenheim Ring und Illtal. Es ging einfach nicht anders. Endlich in der gemütlichen Ferienwohnung angekommen, wartete ein kleiner Tannenbaum darauf, geschmückt zu werden. Und am nächsten Morgen schauten wir aus dem Fenster und freuten uns über den vielen Schnee.

Winterspaß

Der Winterspaß fand wie jedes Jahr am Skilift in Nesselwängle statt. Herr Rief von Sport Rief stellte die Skier ein und mit der Skischule ging es mit dem Sessellift hoch zur Krinnenalpe und weiter noch weiter hoch mit dem Schlepplift. Dann die Kinnenspitze hinunter und die Normalabfahrt, mehrmals am Tag. Zwischendurch wurde auch mal der Schlitten benutzt. Die Mädels hatten ihren Spaß und der Vater freute sich, wenn er Hilfe brauchte.

Über Pfronten nach Füssen

Zwischen den Jahren war einmal Füssen angesagt. Vom Tannheimer Tal ging es querfeldein nach Pfronten in Deutschland. Entlang der Bahnlinie Nesselwang - Reutte geht es zum Lech mit seinem Auwald und weiter in Richtung Königsschlösser nach Füssen.

Schon von weitem sieht man die ehemalige Sommerresidenz der Fürstbischöfe, heute eine Galerie der Bayerischen Staatsgemäldesammlungen. Turm, Hof, Terrassengarten und Baumgarten sind sehenswert, man fühlt sich sofort ins Mittelalter zurückversetzt. Man kann durch die engen Gassen schlendern und sich wie unsere Tochter Louise amüsieren. Meistens kehrten wir im Schwan zum Mittagessen ein. Es gab immer etwas Leckeres. Das

Bekleidungsgeschäft in der Kemtener Straße war das nächste Ziel, mal sehen, was es Neues in der Damenmode gibt.

Weihnachten 2017

Es war wie all die Jahre zuvor. Nein - diesmal waren wir mit zwei Familien unterwegs, hatten die kleine Ferienwohnung dazugebucht. Denn unsere Tochter Solveig kam mit ihrem Mann Chris und der noch ganz kleinen Tochter Julie. Ansonsten war alles wie immer, Skifahren, der Ausflug zum Viesalpsee und der nach Füssen ins Modegeschäft.

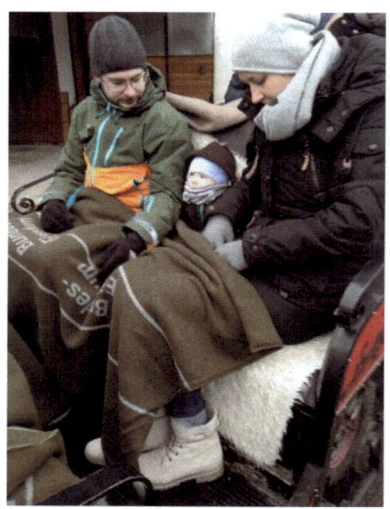

Dieses Weihnachten lag mal richtig Schnee, das war in den letzten Jahren nicht so. Und am 31. war das Auto schon wieder startklar. Was für ein schönes Familienweihnachten.

Ostern 2023

Vor einem Jahr waren wir schon einmal zu Ostern im Tannheimer Tal, wieder in der alten Ferienwohnung in Nesselwängle bei Maringeles junior. Unsere Tochter Solveig hat das organisiert. Zu Weihnachten hatten alle etwas Anderes vor und außerdem waren die Ferienwohnungen nicht frei.

Ich hatte mir vorgenommen, das Museum der Bayerischen Könige in Hohenschwangau zu besuchen. Das Museum gibt einen Einblick in die Geschichte des Königshauses der Wittelsbacher von den Anfängen bis heute. Ich hatte Glück und fand einen Parkplatz fast am Alpsee. Ich lief am See entlang zum 2011 eröffneten Museum, hoch oben in den Bergen grüßte das berühmte Königsschloss Neuschwanstein, zu dem tausende Touristen pilgerten. Das Museum war eher schwach besucht, trotz der guten Darstellung der Geschichte der Wittelbacher, die erst ab 1806 Könige waren, plus ein Prinzregent.

Auf dem Weg vom Tannheimer Tal nach Füssen liegt der Auwald am Lech. Der 2013 eröffnete Baumwipfelpfad ist 480 m lang und schwebt an seinem höchsten Punkt 21 m über dem Boden des Walderlebniszentrums Ziegelwies in Füssen. Spektakuläre Einblicke n die umliegende Flora und Fauna sind auf dem Baumwipfelpfad garantiert, und natürlich einmalige Ausblicke auf den Wildfluss Lech. Das war was für die 6-jährige Julie. Erst die Ziegelwies hinunterrutschen, zumindest ein paar Mal, eine Runde zum Lechufer drehen und dann hinauf auf den Baumwipfelpfad. Die Erwachsenen genossen den herrlichen Ausblick von dort oben.

Das Berggut Gaicht ist ein Reit- und Ferienhof inmitten der Tannheimer Berge. Es liegt auf einem Bergplateau in fast 1200 m Höhe und bietet einen atemberaubenden Blick auf eine der schönsten Bergketten des Tannheimer Tals - dem schönsten Hochtal Europas. So steht es im Internet. Unsere kleine Julie wollte reiten, wie alle Mädchen in dem Alter tun. So hat die Mama eine Reitstunde gebucht. Die Oma ist zwischen den Stallungen umherlaufen und findet ihre Enkelin schließlich im Sattel von Moni.

Have you seen the old man in the streets of London?

Anfang der 70er Jahre war dieses sentimentale Lied ein Hit. In The Streets of London sieht man all die alten Leute, die durch die Straßen Londons schlurfen, arme Rentner, Obdachlose, pensionierte Soldaten, die sich ihrem Schicksal ergeben haben. Ich passe altersmäßig auch dazu, aber ich schlurfe nicht, sondern fahre mit London Transport und erfülle mir einen Geburtstagswunsch, Londons Sehenswürdigkeiten aus der Nähe anzusehen. Weiter habe ich eine Tour durch Londons historische Pubs gebucht. Jetzt sitze ich hier bei einem Pint Bier am Churchyard von St. Pauls, der zum Außenbereich der angesagten Dion Bar gehört und warte auf die Führung. Um mich herum stehen junge Leute in Feierabendstimmung mit einem Glas Wein oder sitzen bei einem Bier. Andeutungsweise spiegeln sie sich in der Anzeigetafel der St Paul's Cathedral. Die mächtigen Glocken der Kathedrale läuten, ich nehme an, die Eucharistiefeier ist zu Ende. Ich genieße das Läuten und die Urbanität des Ortes. Die Glocken verklingen und ich rufe zu Hause an, um zu sagen, dass ich noch lebe und dass es mir gut geht.

Ich habe mich nicht über die anstrengende Anreise beklagt. Der kurze Flug mit Ryanair zum abgelegenen Flughafen Stansted war erträglich, wäre da nicht das sinnlose Warten vor dem Boarding bei über 30 Grad gewesen. Die Fahrt nach London Liverpool Street mit dem Stansted Express war bequem, viele Touristen nahmen den Bus, der nur halb so teuer ist. Für die Weiterfahrt zur Unterkunft brauchte ich eine Visitor Oyster Card, eine aufladbare Karte für den öffentlichen Nahverkehr in London. Ich ließ sie am Automaten aufladen und war nun mobil, aber noch nicht an der Buslinie, die mich zu meinem Ziel bringen sollte. An der City University solle ich aus dem Bus 153 aussteigen hat man mir gesagt. Hat alles geklappt, Bus gefunden, richtig ausgestiegen, auch die Unterkunft, ein Studentenwohnheim, gefunden, eingecheckt und das Zimmer mit Gemeinschaftsbad bezogen. Viel Zeit hatte ich nicht, denn ich musste zum Treffpunkt für die Kneipentour. Mit Hilfe der Handy-Navigation und der Oyster Card reichte die Zeit noch für ein Bier.

Historische Pubs

Nun wurde es Zeit, zum Café Nero um die Ecke zu laufen, wo der Kneipenführer schon mit einer kleinen Truppe wartete. Der Guide, ein mittelalter Typ mit orangefarbenem Hawaiihemd, begrüßte mich freudig und mit *This is Hans from Germany* wusste die Gruppe, dass ich aus Deutschland kam und der einzige, dessen Muttersprache nicht Englisch war. Nach und nach erfuhr ich, woher die anderen kamen. Da war das schwarz-weiße Paar aus London selbst, das gestandene Paar aus Australien und zwei Paare aus Kalifornien, wobei das indischstämmige Paar gerade erst zugezogen war. Wie sich herausstellte, hatte der Mann des anderen ein Jahr als Fremdsprachenassistent in der Pfalz verbracht. Sein Deutsch war recht gut.

Nun ging es los, zu den Orten, die ich auch nach einigen früheren Besuchen noch nicht kannte. Von St. Paul's zum Temple, zum "Flaming Orb" - Denkmal am Paternoster Square mit einem tollen Blick auf den Dom und einem zweiten auf das Public Viewing direkt daneben. Der Stadtführer erzählte vom großen Brand Londons und wie Sir Christopher Wren danach städtebaulich tätig wurde. Eine Gasse weiter und schon waren wir im ersten Pub, dem *Cockpit*. Der Pub besteht seit 1860 und ist sehr authentisch für seine Zeit. Der Name stammt von den Hahnenkämpfen, die hier früher stattfanden. Auch der Dichter Shakespeare lebte auf dem St. Andrew's Hill. Alle Kneipenfreunde nahmen einen Schluck frisch gezapftes Bier und dann ging es weiter.

Vorbei an geschichtsträchtigen Orten, wie zum Beispiel der Stelle, an der die Pumpe für das mit Cholera verseuchte Wasser stand, erreichten wir die südwestlichste Ecke der City of London, Blackfrairs. Das ist nicht nur der Stadtteil, sondern auch die U-Bahn-Station und natürlich der Pub *The Blackfrairs*. Es wurde schon Abend, der Blick ging über die Blackfrairs Bridge zur Eye of London, dem dort installierten Riesenrad. Wo heute der Pub von 1875 steht, war früher das Kloster der Dominikaner, und die haben schon immer Bier gebraut. Auch dieser Pub ist wieder eine Eckkneipe, aber man kommt nur von der Seite rein. Und wieder stehen fröhliche Menschen in Feierabendstimmung draußen. Alle in der Gruppe bestellen wieder ein Half a Pint, immer mal wieder eine andere Biersorte. Besonders gut gefiel mir das dicke Dominikaner, der direkt unter der Uhr in Stein gemeißelt dasteht. Wer genau hinsieht, erkennt über ihn die Uhrzeit (8.20 Uhr) und zweifelt an der Jahreszahl darunter (174...). Denken wir hier auch an Shakespeare, dessen Stücke zu seinen Lebzeiten in den Räumen der Mönche aufgeführt wurden.

Noch ein paar Straßen weiter, wieder an einigen geschichtsträchtigen Orten vorbei, ging es in die wohl älteste Kneipe der City of London, das Ye Olde Cheshire Cheese in 145 Fleet Street. Sie wurde nach dem großen Brand wieder aufgebaut. Der Pub ist urig, die Räume sind wie früher und reichen bis in den Keller. Dort war es am ruhigsten bei einem guten Bier und Kartoffelchips. Der

Führer erinnerte an die vielen berühmten Leute, die hier einkehrten, wie Charles Dickens oder Mark Twain.

Ein paar Schritte weiter, gegenüber dem Gerichtsgebäude, endete die Kneipentour mit einem Absacker im *The George Inn*. Wieder ein schöner Pub. Mir hat die Kneipentour gefallen und den anderen wohl auch, das merkte man an der herzlichen Verabschiedung. Nun hatte ich die Buslinie gefunden, die mich zur Unterkunft bringen sollte. Es sollte der 341er Bus sein und die Fahrt würde 16 Minuten dauern. Wegen des Linksverkehrs stand ich aber an der entgegengesetzten Haltestelle, es dauerte eine Weile, bis ich meinen Fehler bemerkte, also rüber auf die andere Straßenseite zur richtigen Bushaltestelle. Hardwick Street aussteigen und schon stand ich meinem Schlafplatz gegenüber.

Die Kronjuwelen ließ ich links liegen

In meinem Wohnheim war das Frühstück im Preis inbegriffen, kein kontinentales, sondern ein richtiges englisches. Es wurde in einem großen Saal in Buffetform eingenommen. Eier, gekocht oder gebraten, Würstchen mit Sägespänen, verschiedene Kartoffelchips, Bohnen in Tomatensauce. Die Frühstücksgetränke kamen aus einem modernen Kaffeeautomaten. So gestärkt machte ich mich auf den Weg zum Tower of London, 10 Minuten mit dem 43er Bus, eine gute halbe Stunde bis zur Haltestelle Monument, weitere 10 Minuten bis zur Sehenswürdigkeit. Bis zu meinem Slot um 10:30 Uhr war noch etwas Zeit, um einen Blick auf die Themse zu werfen. Natürlich fällt einem die Tower Bridge ins Auge und die nahe Anlegestellen der Touristenboote. Wenn man den Blick über den Fluss schweifen lässt, dominiert The Shard, mit über 300 Metern das höchste Gebäude Großbritanniens, das Bild. Vor seinem Bau war das

Kriegsschiff HMS Belfast die Hauptattraktion. Kurz bevor ich hineinging, fiel mir ein Werbeplakat für eine historische Show auf. Es ging um die Verschwörung um Guy Fawkes, den sogenannten Gunpowder Plot von 1605.

Schon am Eingang des Towers, zum Seniorenpreis, hatte ich eine Vorstellung von dem, was ich sehen wollte. Die Hauptattraktionen kannte ich bereits. So konnten einige Gefangene aus dem Tower fliehen, zum Beispiel John Gerard, der war zu Zeiten von Elisabeth I. wegen seines katholischen Glaubens inhaftiert. Mit Hilfe von mit Orangentinte geschriebenen Geheimbotschaften organisierte er die Flucht, die ihm auch gelang.

Weiter ging es über die Toiletten hinter dem Juwelenhaus zu einem Turm in der Wehrmauer. Dort gibt es eine Ausstellung über den Tower als Zoo. Unter anderem wird beschrieben, wie die Londoner einen Tag mit den Tieren verbrachten, man konnte den Tieren sehr nahe kommen, was bei Raubkatzen nicht ganz ungefährlich ist. Die Übeltäter wurden eingesperrt. Irgendjemand kam dann auf die Idee, einen Zoo für die Tiere zu bauen, es entstand der berühmte Londoner Zoo.

Ich gönnte mir eine Eispause, zwei Kugeln, bezahlt mit Debit Card am Eisstand! So gestärkt besuchte ich die Gefängnisräume, in denen über die Hinrichtungen berühmter Persönlichkeiten informiert wird. Anne Boleyn wurde mit dem Schwert hingerichtet, einer Königin würdig. Anne Askew hatte nicht so viel „Glück". Sie wurde als einzige Frau gefoltert und dann verbrannt. Spannend sind auch die Berichte über zwei Männer, den Lordkanzler Thomas More und den Attentäter Guy Fawkes.

Während Heinrich VII. Thomas More nur enthaupten ließ, wurde Guy Fawkes auf grausame Weise hingerichtet, er wurde aufgehängt, ausgeweidet und gevierteilt. Der eine auf dem Tower Green, der andere vor der St Paul's Church. Thomas More wurde heiliggesprochen, Guy Fawkes Tod gab Anlass zu einem Fest mit Freudenfeuer, dem Gunpowder Plot Day am 5. November, an dem des vereitelten Attentats gedacht wird.

Wenn man den Gefängnisturm verlässt, gelangt man direkt zum Tower Green, der Hinrichtungsstätte des Tower of London. An der Stelle der Hinrichtung befindet sich ein Denkmal, das aus zwei Metallscheiben besteht. Auf der kleineren stehen am Rand die Namen der Hingerichteten in scharlachroter Schrift mit dem Jahr der Hinrichtung. Am Rand der größeren Scheibe steht, hier übersetzt: *Verehrter Besucher, halte einen Augenblick inne, dort, wo du stehst hat der Tod das Licht für lange Zeit gelöscht, hier die leuchtenden Namen derer, die von der Lebendigkeit des Alltags zerbrochen wurden, mögen sie in Frieden ruhen, während Generationen hierher kommen, um ihre Kraft und ihren Mut unter dem unruhigen Himmel zu bewundern.* Obenauf liegt ein Kissen, vielleicht ein Hinweis auf die Sanftheit, mit der so mancher Kopf auf dem Block ruhte.

Als ich das las, versammelte sich eine große Menschenmenge vor dem Denkmal. Der Grund dafür waren die Ausführungen eines Towerwächters, der im Volksmund Beefeater genannt wird, aber eigentlich Yeoman Warden heißt. In launigen Sätzen erzählte er die Geschichte des Towers und auch von sich selbst, zum Beispiel, dass der vierhundertund... Yeoman Warden sei, immer noch in der historischen Uniform. Das haben die Raben des Towers sicher schon oft gehört. Auf dem Weg in die Cafeteria sprach ich andere uniformierte Herren an. Nein, sagte er, er sei kein Rabenmeister.

Nach einem Imbiss in der neu eröffneten Cafeteria warf ich einen Blick in das Fusilier Museum, das Hauptquartier der Royal Fusiliers. Neben der Waffen-, Uniformen- und Ordenssammlung faszinierten mich zwei (erbeutete) Büsten, eine von Adolf Hitler und eine von Benito Mussolini. Als ich das Museum verließ, war die Schlange zu den Kronjuwelen bereits über 100 Meter lang.

Es wurde Zeit, meinen Besuch zu beenden, denn in gut einer Stunde wollte ich in der Westminster Abbey sein. Da war noch die Folterkammer, etwas Gruseliges sollte es zum Abschluss noch sein, es entpuppte sich aber als recht nüchterne Darstellung. Zu sehen waren der Nachbau einer Streckbank und Schautafeln zum Aufziehen und Fesseln. Interessant war auch der Hinweis, dass die Folter im englischen Recht nicht verankert, sondern <u>nur</u> Teil eines Verhörs war.

Der Ausgang des Tower of London befindet sich direkt neben dem Traitors Gate an der Themse. Über die Mauern hinweg hat man noch einen schönen Blick zurück auf den White Tower. Das ist die ursprüngliche Burg, die unter Wilhelm dem Eroberer erbaut wurde.

Eine ehrwürdige Abtei

Zu meinem zweiten Besichtigungstermin an diesem Tag fuhr ich mit der Circle Line über Victoria, zur Station Westminster Abbey, nur die gleichnamige Abtei musste ich noch finden, am besten dort, wo die Menschenmassen hinströmen. Pünktlich wurde ich eingelassen und bekam das Audiogerät, bei dem man nicht nur die Sprache wählen konnte, es gab auch eine Version für Erwachsene und eine für Kinder. Ich habe mir die für Kinder angehört.

Westminster Abbey ist aus einem ehemaligen Benediktinerkloster entstanden. Die Kirche hat durch ihre Größe den Charakter einer Kathedrale. Sie ist Hochzeits- und Krönungskirche, oft im Fernsehen zu sehen, und Grabstätte vieler Dynastien und auch großer Persönlichkeiten (Poet Corner). Leider kam die ganze Pracht und Größe bei mir nicht an, Schuld waren die vielen Touristen und vielleicht auch schon eine leichte Müdigkeit von der ersten Besichtigung. Als wir in Barcelona die Sagrada Familia besuchten, ging es mir ähnlich. Hier und dort alles sehr beeindruckend, aber einfach zu voll.

Recht müde trat ich den Heimweg an, Circle Line Richtung Liverpool Street, umsteigen in den mir bekannten Bus, vorher der Oyster Card füttern. Ich gönnte mir ein ausgiebiges Nachmittagsschläfchen, um um 18 Uhr frisch geduscht den nahegelegenen Exmouth Market aufzusuchen, der sich als Fressgasse entpuppte.

Exmouth Market Erlebnisse

Nun, es ist kein Markt, wie der Name vermuten lässt. Es ist eine Fußgängerzone, die man in einer Viertelstunde durch schlendern kann. Hier lassen es sich die Studierenden der nahen Londoner Universität gut gehen, meilenweit entfernt von dem, was sich in deutschen Studentenkneipen abspielt. Hier der Franzose, dort der Italiener, gerne auch der Japaner und natürlich ein richtiger Pub. Dieses Studentenleben erinnert mich an die Newbury Street in Boston. Dort wie hier reichte das Budget der Eltern auch zum gediegenden Ausgehen.

Zuerst war ich im Exmouth Arms Pub auf ein Bier und dann ging es weiter in die letzte Kneipe im Viertel. Die Restaurants und Bars waren alle gut besucht, bis auf den Vietnamesen. Der ist wohl bei den Studenten nicht in. Dort gab es meinen geliebten Pho-Nudel-Eintopf, den ich dann draußen gegessen habe. Ein vietnamesischer Kaffee rundete mein Abendessen ab. Ganz am Ende der Straße hatte ich zuvor eine Cocktailbar entdeckt, in die ich ging und mir einen Gin Tonic bestellte, allerdings mit indischem Bombay Sapphire London Dry Gin. Der kam auch wie gewünscht. Dann trollte ich mich ins Bett, denn es war ein anstrengender Tag und morgen stand noch Sightseeing auf dem Programm.

Auf dem Riesenrad

Abreisetag, ich hatte schon meine Reisetasche gepackt und noch einmal das reichliche englische Frühstück genossen. Dann den richtigen Bus genommen, das war der 341er direkt vor der Tür Richtung Waterloo Bridge. Nur noch auschecken und dann ab mit Sack und Pack. Auf das Zielschild hatte ich nicht geachtet und so war die Fahrt an der Liverpool Street Station zu Ende. Der Busfahrer sagte, der Anschlussbus sei um die Ecke, aber welche Ecke meinte er? Nach gefühlten drei Runden um die Station fand ich ihn. Bis zur Waterloo Bridge war es noch eine Weile, also setzte ich mich wegen der Aus- und Umsicht auf das obere Deck.

Der Bus hielt am Southwalk und es war noch ein Stück zu laufen, das Riesenrad immer im Blick behaltend. Ich war zu früh, wollte aber nicht warten. Also stellte ich mich in die erste Schlange und wurde hineingelassen. Die Gondel fasst 28 Personen und gegen den Uhrzeigersinn ging es hoch und rund. Zuerst der Blick in Richtung City of London, dann ganz von oben der Blick auf die Houses of Parliament, im Hintergrund der Buckingham Palace. Nun wieder abwärts, die Themse nach Westen und weiter links die neuen Hochhäuser Londons. Wieder unten, nach 30 min, konnte ich es mir nicht verkneifen, ein Souvenir zu kaufen, einen wackelnden Wachsoldaten, sozusagen eine Nachbildung der echten Soldaten der Towerwache.

Für die Heimreise war es noch zu früh, trotz der Durchsage der Fluggesellschaft, dass es an den Sicherheitskontrollen aufgrund Personalmangel zu langen Wartezeiten kommen könnte. Also noch einen Blick auf die Millennium Bridge werfen, zu der man gut 2 km laufen oder umständlich mit dem Bus fahren muss. Ich entschied mich für das Laufen. So konnte ich vor dem Nationaltheater das Denkmal des berühmten Schauspielers Laurence Olvilier bewundern. Weiter ging es über die Waterloo Bridge nach Blackfrairs. Kurz hinter der gleichnamigen Brücke lief ich noch 300 Meter auf das Bauwerk meiner Begierde zu, machte ein Foto, für mehr ging mir die Puste aus, außerdem wurde es Zeit. Wer die Brücken flussabwärts zählt, es sind drei: Millennium Bridge, Southwalk Bridge und Tower Bridge.

OysterCard, Rückfahrkarte, Flugticket, KVB-Ticket

Anhand der genannten Beförderungsausweise möchte ich über meine Rückreise berichten. Mit der Visitor Oyster Card fuhr ich ein letztes Mal zur Liverpool Street Station. Zwischen U-Bahn-Ausgang und Bahnhofseingang steht ein Denkmal, das an die Kindertransporte während der Nazizeit erinnert. Ein ähnliches Denkmal steht am Bahnhof Friedrich Straße in Berlin für die damaligen Immigranten.

Von der Hinfahrt wusste ich, wo ich den Stansted Express finden musste, der mich mit Rückfahrkarte zum Flughafen brachte, denn ohne Rückfahrkarte wäre ich nicht durch die Schranke gekommen.

Die Sicherheitskontrolle ging dann doch schneller als angekündigt, obwohl ich auf Drogen getestet wurde. Dann durch den Moloch der Einkaufsmöglichkeiten, unerwartet schrecklich groß für einen Vorortflughafen. Ganz am Ende der Einkaufszone konnte man sich hinsetzen und auf die große Anzeigetafel schauen, wann und wo der Flug losgeht. Eine Stunde vor dem letzten Aufruf wird das entsprechende Gate angezeigt. Dann setzt sich die entsprechende Passagierkolonne in Bewegung. Für meinen Flug musste ich mit dem Air-Train bis ganz nach draußen zur Abfertigung fahren. Das war gar nicht so schlecht, denn so konnte ich alle 2 Minuten eine Ryanair-Maschine landen sehen. Schließlich der Flieger nach Köln bereit zum Einsteigen, und irgendwann hob das Flugzeug auch ab.

Die verspätete Landung hatte keinen Einfluss auf meine Rückreise. Auch der Ticketautomat am Kölner Flughafen diesmal nicht. Als ich ihm das letzte Mal ein Ticket entlocken wollte, war er im Teilstreik, akzeptierte keine Karte und wollte nur Münzen bis zu einem Euro. Eine halbe Stunde später brachte mich der Regio nach Köln und die 18 zum Klettenbergpark, wo ich mein Auto geparkt hatte. Geschafft!

Auf der Rückfahrt nach Linz (Rhein) ließ ich den Kurztrip noch einmal Revue passieren. Erinnerte mich an die netten Abende in den Pubs und fand im Nachhinein auch Unterkunft und Verpflegung o.k., für Londoner Verhältnisse sogar ein Schnäppchen. Die Yeoman-Warden-Rede hat mir sehr gut gefallen und die Fahrt mit dem Riesenrad auch, weniger gefallen hat mir das Gedränge in der Westminster Abbey. Auf den Straßen Londons habe ich mich wenige‑ bewegt, ich bin meistens mit dem Bus gefahren.

***

Schlußwort

Ich weiß nicht, was Sie in dem Buch gelesen haben, vielleicht haben Sie in de‑ Übersicht eines Bandes etwas gefunden, wo Sie gesagt haben, da möchte ich auch mal hin und haben das entsprechende Kapitel aufgeschlagen. Es kann auch sein, dass Ihnen andere Länder vertrauter sind oder dass Ihnen meine Exkursionen zu weit sind. Oder Sie reisen lieber mit dem Zug, weil Sie nich‑ gerne fliegen, oder Sie halten Kreuzfahrten für die bessere Alternative. Gut, dann können Sie mein Buch Ohne Ufer, keine See - Kreuzfahrtgeschichten Tag für Tag durchblättern.

Es wurden beliebte Orte beschrieben. Im weiteren Sinne waren das Orte, die auf Reisen durch bekannte Regionen wie Andalusien oder Cornwall besuch‑ wurden. Auf jeden Fall lag der Schwerpunkt auf Westeuropa, mit Ausnahme de‑ Amerikareise, und ein Land stand nicht im Mittelpunkt: Frankreich. Da sind wi‑ nicht zusammen gereist. Unter den geliebten Städten steht meine Heimatstad‑ Berlin mit all ihrer Geschichte an erster Stelle. Andere Hauptstädte waren auch unser Reiseziel, Madrid oder London zum Beispiel.

Die Absicht meines Buches ist es, Sie einzuladen, sich etwas anzusehen, sei es in der Nähe oder in der Ferne. Reisen kann nicht schaden.